KB141561

축구 수비 전술 및 트레이닝

축구 수비 전술 및
트레이닝

초판 1쇄 펴낸날 2024년 7월 5일
초판 2쇄 찍은날 2024년 10월 15일

지은이 이용수

펴낸이 최윤정
펴낸곳 도서출판 나무와숲 | 등록 2001-000095
주 소 서울특별시 송파구 올림픽로 336 910호(방이동, 대우유토피아빌딩)
전 화 02-3474-1114 | 팩스 02-3474-1113
e-mail namuwasup@namuwasup.com

ISBN 979-11-93950-04-3 03690

축구 수비 전술 및 트레이닝

이용수 지음

나무와숲

"공격은 경기를 이기게 하고 수비는 대회를 우승하게 만든다."

Attack wins you games, defense wins you titles.

– 알렉스 퍼거슨 경 –

조직적이면서도 잘 정돈된 모습의 수비는 화려한 공격 못지않은 즐거움을 선사한다. 수비가 뛰어난 팀의 경기를 지켜보면, 빈틈없는 포백의 수비 라인과 그 앞의 그물 구조의 미드필더가 일사불란한 움직임으로 상대 팀을 압박하여 볼을 뺏는 수비 동작에 탄성이 절로 나오는 순간이 많다.

"공격은 경기에서 이기게 하고, 수비는 대회에서 우승하게 만든다"는 퍼거슨 감독의 말처럼, 축구 경기에서 수비가 갖는 중요성이 날로 강조되고 있다. 효과적인 수비를 위해, 또는 수비력이 강한 팀이 되기 위해서는 공격수는 공격만 하고, 수비수는 수비만 해야 한다는 예전의 고정관념에서 벗어나야 한다.

과거에는 축구 경기 속 상황을 공격과 수비 두 가지로 구분하였다. 그러나 축구 경기 과정에서 발생하는 상황이 단 두 가지 경우로만 설명될 수는 없다. 그렇기에 지도자들이 공-수 전환(공격에서 수비, 또는 수비에서 공격으로의 변화가 이루어지는 단계)에 관심을 갖기 시작했고, 실제로 많은 지도자가 경기 중 전환 과정을 준비하기 위해 훈련에 많은 시간을 투자한다. 효과적인 수비를 위해서는 수비로 전환하는 단계에서부터 상대 팀을 통제할 수 있도록 준비해야 한다.

개별적인 수비 상황에서의 원칙은 수비 자신의 마크맨이 볼을 소유하고 있다면, '볼-수비 자신-골문'이 일직선이 되도록 함으로써 슈팅 기회를 봉쇄해야 한다. 만일 마크맨이 볼을 소유하고 있지 않다면 '볼과 상대방을 동시에 볼 수 있는 위치'에서 앞으로 전개될 상황에 대비해야 한다. 다른 한편으로 수비수는 최대한 위험 지역 밖에서 태클이 가능한 거리에 위치하면서 상대방을 방어해야 한다.

공격은 선수 개인의 역량에 따라 창의적으로 만들 수 있고, 순간적인 플레이로 득점할 수도 있지만, 수비는 개별 선수 혼자서 할 수 있는 영역이 아니다. 볼을 소유한 공격 선수를 방어하는 첫 번째 수비수는 방어와 동시에 주위 동료 수비수의 위치를 고려하여 압박과 수비를 해야 하고, 그다음 근거리에 있는 두 번째 수비 선수는 첫 번째 수비수를 커버하면서 동시에 자신이 방어해야 하는 공격수를 막아야 한다. 그리고 세 번째 수비수는 두 수비 선수를 커버하는 플레이는 물론이고, 수비 지역 전체의 균형과 조직을 유지하는 역할을 해야 한다. 이렇듯 수비는 팀 수준에서 훈련해야 조직력과 그에 따른 움직임을 갖추어 상대 팀 공격을 효과적으로 막아낼 수 있다. 이러한 이유로 수비 훈련에 더 많은 시간을 투자해야 한다는 것에 지도자들이 공감할 것으로 생각한다.

최근의 수비 전술 변화 중 가장 유의미한 변화는 수비 전환이 이루어질 때, 즉 볼의 소유권을 상대 팀에 빼기는 순간 즉시 최전방 공격수부터 수비에 가담한다는 것이다. 볼의 소유에 따라 공격과 수비가 바뀌게 되고, 공격 시엔 경기장을 넓게 활용하여 공간을 만들어내고 그 공간으로 침투하여 득점 기회를 만드는 한편, 수비 시엔 공격의 기본 원리를 정반대로 응용하여 상대 공격수들이 활용할 수 있는 공간을 좁히면서 압박을 가해 시간적 여유도 허락하지 않고자 한다.

전술적인 관점에서 보면, 수비에서 공격으로 전환할 때보다 공격에서 수비로 전환할 때가 더 위험한 상황이다. 유소년 경기를 관전하면, 이러한 상황에서 반칙으로 상대 팀 공격을 차단하는 경우를 적지 않게 볼 수 있다. 그러나 유소년 시기에 쉬운 방식의 수비만 경기장에서 수행하고 여기에 익숙해지면, 다른 수비 방법을 배우거나 활용하는 것이 어려워진다. 그리하여 이후 경기 결과가 점점 더 중요해지는 단계로 발전함에도 정당한 수비 방법을 사용하지 못하는 선수가 되기 쉽다.

공격의 경우 기본 기술부터 전술까지 단계적으로 차근차근 훈련하듯이, 수비 역시 기본 자세와 스텝부터 카운터 프레싱까지 단계별로 학습하고 훈련해야 한다. 특히 유소년 선수 지도 과정에서는 지도자의 인내심이 매우 중요하다. 실수하더라도 올바른 방법의 시도였다면 격려해 주고 선수들이 성장해 가도록 기다려 주는 것이 필요하다.

그렇게 한다면 지도자의 생각보다 훨씬 더 빨리 정확하고 정당한 수비 능력을 갖춘 선수로 성장할 수 있을 것이다.

이 책은 수비 선수의 기본 자세부터 커버플레이, 전통적 대인 방어 및 지역 방어, 경기 상황에 따른 팀의 수비 원칙과 전술적 움직임, 그리고 카운터 프레싱까지 담았으며, 이해를 돕기 위해 설명과 트레이닝 방법 또한 제시하였다.

여전히 필자의 부족함과 그 밖의 제한적 요인으로 인해 수비 전술과 훈련에 대한 모든 것을 담지는 못했지만, 수비수의 기본 자세와 전술적 움직임에 이르기까지 지도자와 선수들이 함께 읽으며 토론하고 의견을 나눌 수 있다면, 그러한 과정을 통해 수비에 대한 이해를 높여 우수한 선수로 성장하는 데 도움이 될 수 있을 것이라 생각한다.

2024년 6월
이용수

차 례

Ⅱ. 팀 수비 원칙과 전술

Ⅲ. 3인 수비 시스템

Ⅳ. 4인 수비 시스템

I 수비 전술의 기초

현대 축구는 전술적으로 계속 발전하여 포지션별로 분리되었던 역할과 기능이 상호보완적인 작용으로 팀 전력을 높이기 위해 변화해 가고 있다. 골키퍼GK의 경우, 최후의 수비수 역할은 물론, 공격의 시작점으로서의 역할 또한 더욱 중요해지고 있다. 수비수는 사전 예측을 통한 도중 차단과 공격 지원 능력이 평가의 주요 항목이 되고, 미드필더 역시 광범위한 활동 영역과 적극적인 공격 가담으로 득점 능력을 발휘하는 것이 일반화되고 있다. 득점에만 전념하던 최전방 공격수는 동료에게 슈팅 기회와 공간을 만들어 주고, 볼 소유권이 상대 팀으로 넘어가면 최전방 수비수로 역할이 바뀌게 된다. 이러한 변화는 다음과 같은 현대 축구의 주요 전술적 가치를 형성하였다.

현대 축구의 주요 전술적 가치

- 공격, 미드필드, 수비를 분리할 수 없고 연계성을 가지며 상호 보완적 작용
- 수비의 개별 능력과 조직력에 맞춘 GK의 전술적 대응
- 고정된 포지션의 경계를 허물고 상황에 따른 전술적 유연성 확보
- 볼을 빼앗긴 곳에서 바로 수비가 시작되고, 볼을 빼앗은 곳에서 바로 공격이 시작됨

수비 전술은 공격 전술을 와해시키기 위해 지속적으로 생성되고 경기에서 효율적으로 활용된다. 공격과 방어 사이의 끊임없는 전략

과 전술을 통한 경쟁은 축구가 대중적인 경기로 흥미를 유발하는 중요 요인이다. 수비하는 팀은 상대편 공격을 효과적으로 방어하기 위해 공격수들을 방어하고 공격을 지연시킬 수 있는 전술적 방법, 수비 진영으로 패스된 볼을 처리하는 방법, 패스와 슈팅의 각을 줄이는 방법, 수비진의 효과적인 깊이와 배열 등에 관심을 가져야 한다.

개인적인 수비 원칙은 수비수 자신의 마크맨이 볼을 소유하고 있을 경우, '볼과 자신, 그리고 골문이 일직선'이 되도록 하여 슈팅 기회를 허용하지 않아야 한다는 것이다. 또한 마크맨이 볼을 소유하고 있지 않을 경우, '볼과 상대방을 동시에 볼 수 있는 위치'에서 앞으로 전개될 상황에 대비해야 한다. 볼이 없는 반대편에 위치한 수비수는 최대한 위험 지역 밖에서 태클이 가능한 거리에 위치하여 상대방을 방어해야 한다.

수비의 가장 중요한 기능은 상대의 공격을 미리 차단하고, 공격하는 팀의 득점을 막는 것이다. 수비 목적을 효율적으로 달성하기 위해 여러 가지 전술을 사용하지만, 수비 전술이 효과적으로 적용되지 못할 경우에는 득점을 허용하기도 한다. 실점을 하게 되는 이유로는 공격수에 대한 수비 압박의 부족, 수비 영역에 대한 동료 수비수의 커버플레이 결여, 수비수 뒤쪽으로 이루어지는 스루 패스 대처 능력 미흡 등을 들 수 있다.

이와 같은 수비 전술의 부적응을 최소화하면서 상대 팀의 공격을 무기력하게 한 후, 역습 기회를 살리기 위해서는 수비의 기본적인 개인 기술 습득과 함께 팀으로서의 조직적이고 다양한 수비 전술을 익혀야 한다.

1. 수비 전술의 변화

경기는 수비, 공격, 공격-수비 전환기, 수비-공격 전환기 4단계로 나눌 수 있으며, 각 단계는 상호 간에 연속된 관계에서 발생하기 때문에 독립적으로 존재하기보다는 하나의 전체적인 과정으로서 이해해야 한다.

대부분의 지도자들은 전환 순간 이후의 수비 훈련에 많은 시간을 할애한다. 우수한 팀들은 실점을 적게 하고 경기 상황과 상대 팀에 따라 압박과 잘 조직된 수비 플레이를 보여 준다. 무리뉴Mourinho 감독의 경우, 완전한 수비 구조를 가장 중요한 첫 번째 원리로 적용하고 있다. 완전한 수비를 먼저 구축해야 한다는 논리는 다음과 같다. "실점을 하지 않는다면 상대 팀이 이기는 것은 불가능하기 때문이다."

현대 축구의 전술적 변화와 포지션별 상호 보완적 기능의 변화에 따라 수비 전술에도 많은 변화가 나타나고 있다. 두드러지는 현대 축구의 수비 전술 변화를 살펴보기로 하자.

〈그림 1-1〉에 나타난 바와 같이, 상대 패스 연결 이후 약간은 수동적이었던 포백 라인과 오른쪽 측면 수비수 ②의 움직임이 보다 적극적인 도중 차단 움직임과 GK를 포함한 포백 라인의 전체적인 라인 이동으로 변화되고 있다.

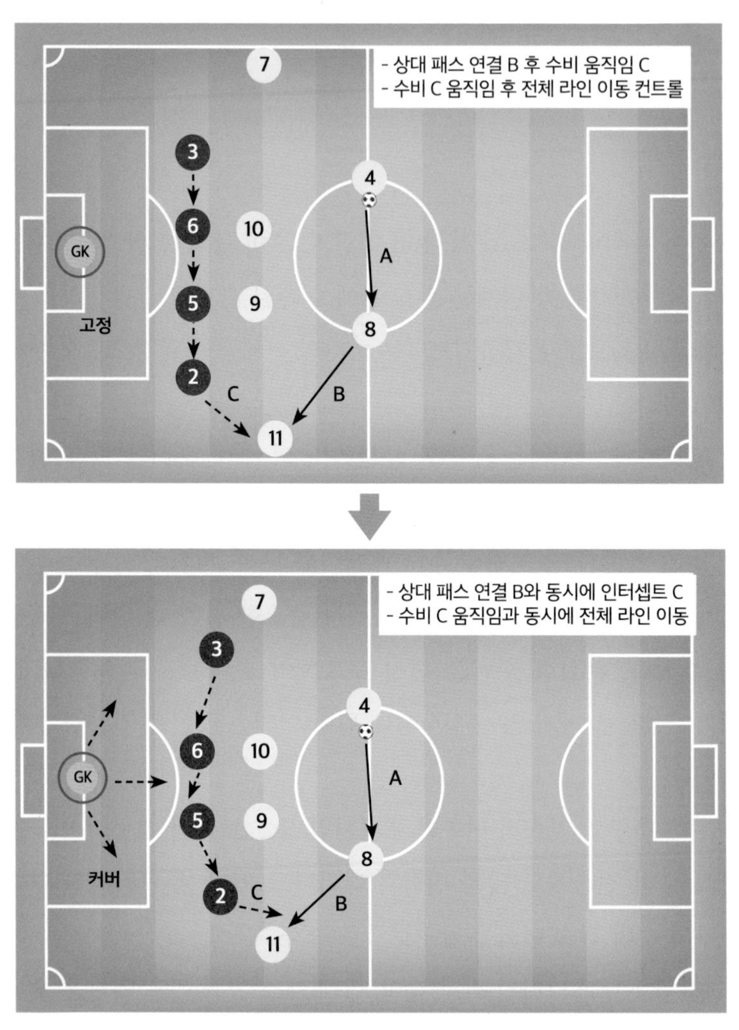

그림 1-1 변화되는 축구의 수비 형태 1

〈그림 1-2〉는 수비 라인의 변화를 나타낸 것이다. 수적인 여유를 가지고 수비형 미드필더의 공격 가담을 제한하고 수비 라인을 올리던

기본 수비 전술이 수비형 미드필더와 측면 수비수가 상대 진영으로 올라가서 미드필드 라인과 수비 라인을 올리는 형태로 변화하고 있다.

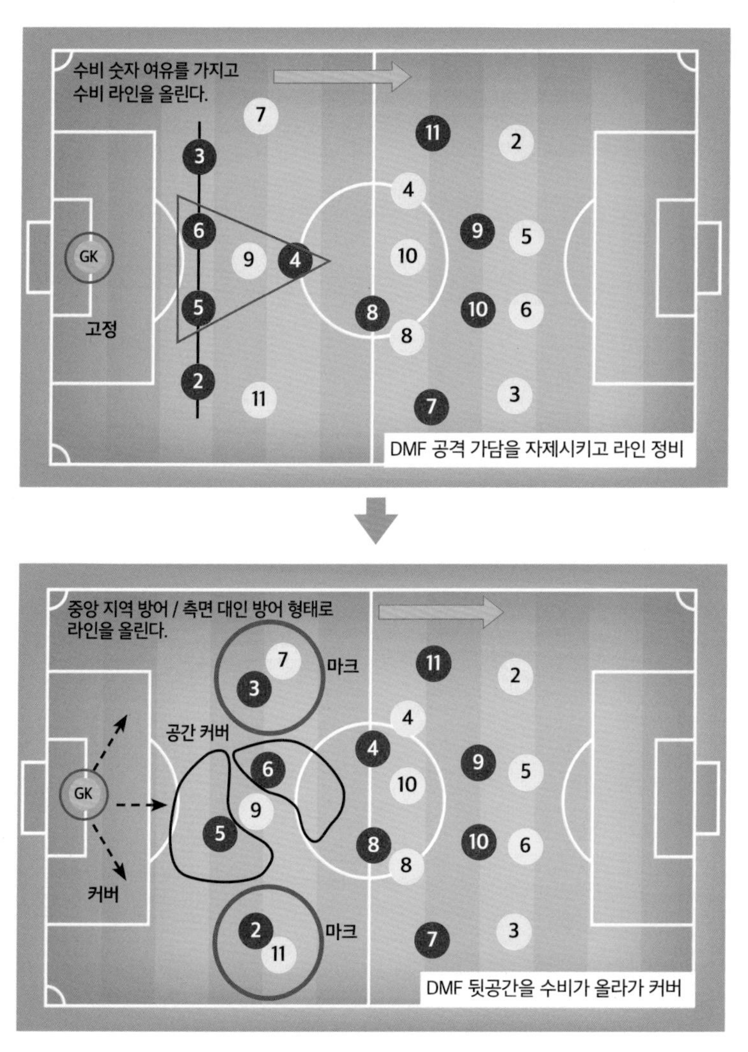

그림 1-2 변화되는 축구의 수비 형태 2

〈그림 1-3〉은 빌드업 단계에서의 수비 위치 변화를 나타낸 것이다. 상대의 전방 압박에 어려움을 겪는 것을 고려하여 GK를 포함해 최대한 넓게 위치하여 빌드업을 전개한다.

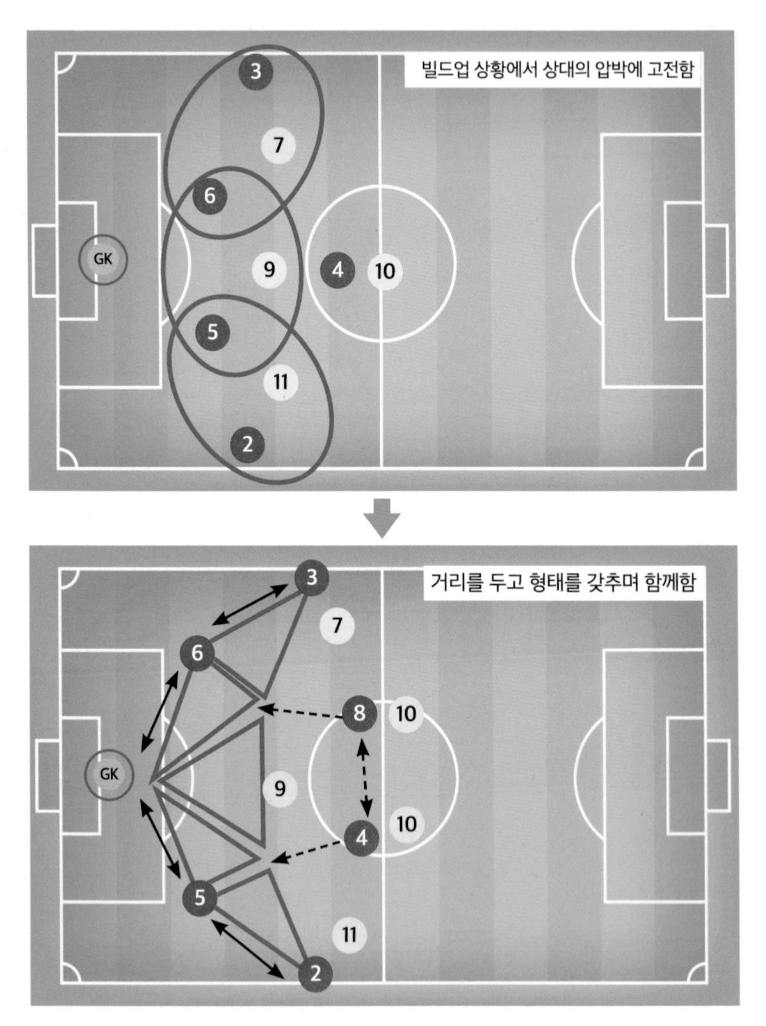

그림 1-3 변화되는 축구의 수비 형태 3

〈그림 1-4〉는 공격 지원의 변화를 나타낸다. 수비 숫자의 여유를 가지고 수비 라인을 올리는 방법으로 공격 상황에서 적극적인 지원이 이루어지도록 하고 필요시 포지션을 바꾸기도 한다. 이러한 수비 전술의 변화에서도 나타나듯이, 고정된 포지션의 경계에서 벗어나 전술적 유연성의 확보와 공격에서 수비, 또는 수비에서 공격으로 전환 시 전술적 전환 속도가 경기력의 결정적 요인이 되고 있다.

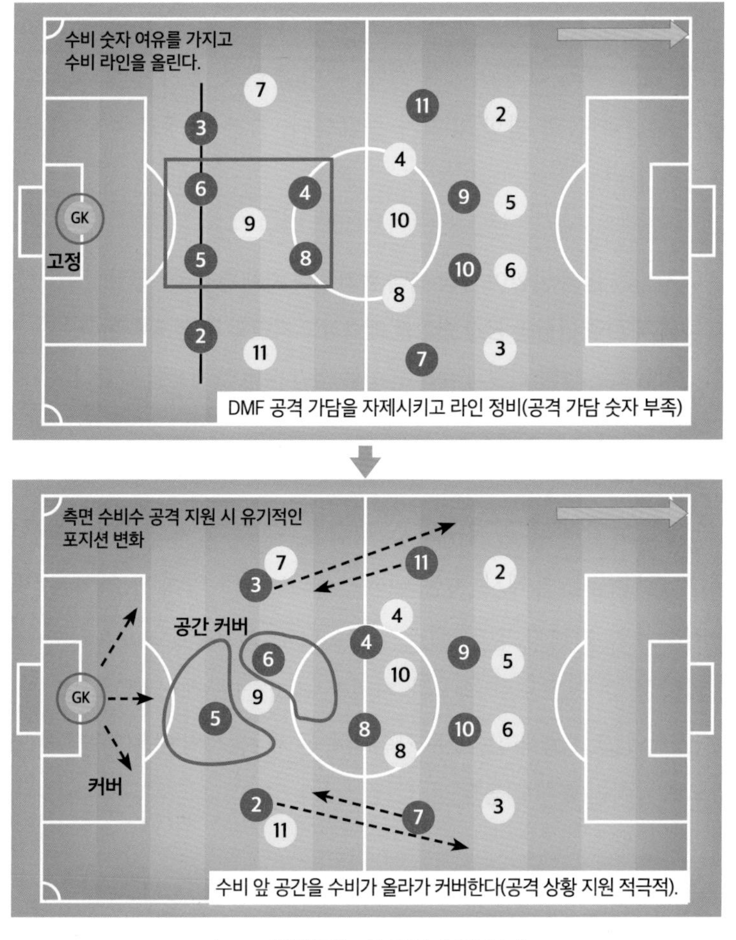

그림 1-4 변화되는 축구의 수비 형태 4

2. 수비의 기본과 원칙

1) 기본 자세와 스텝

수비수가 상대 공격을 방어하기 위한 방법 중에서 가장 중요한 기본 기술은 스텝과 자세이다. 상대 공격수의 스피드 변화에 대응할 수 있는 속도 변화와 방향 전환, 그리고 볼을 놓치지 않도록 볼을 향한 시선과 몸의 방향 유지가 중요하다. 기본 자세의 주요 내용은 다음과 같다.

- 시선과 몸의 방향이 항상 볼을 향하도록 자세를 갖춘다.
- 볼의 진행 방향과 공간 변화를 예측하고 차단할 수 있도록 한다.
- 자유로운 방향 전환과 속도 변화로 개인 수비의 기본을 갖춘다.

속도 변화

1대1 상황에서 공격수의 드리블을 수비 자세로 뒤로 물러나며 지연시킨다. 볼에서 시선을 떼지 말고 볼의 앞쪽에 위치시킨다. 공격수와의 거리가 멀면 패스가 자유롭게 허용되고 너무 가까우면 돌파당할 수 있으므로 적절한 거리를 유지한다. 백 스텝이나 투 스텝, 사이드 스텝으로 움직이는 것은 가속·감속 등 제2동작의 반응에 불리하므로 옆으로 달리는 형태로 움직인다(그림 1-5, 1-6).

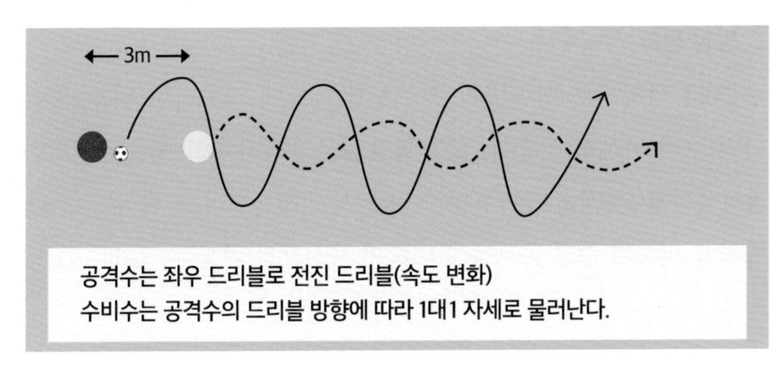

그림 1-5 속도 변화 1

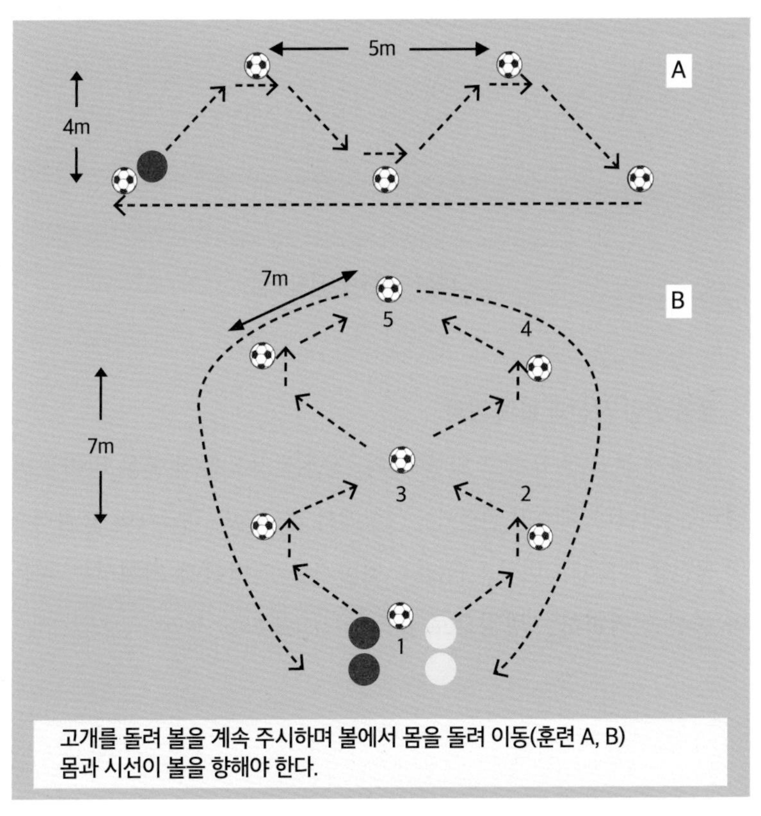

그림 1-6 속도 변화 2

방향 전환

2대1 상황에서 상대방의 컨트롤과 패스에 대응하며 뒤로 물러나며 수비 자세를 갖춘다. 절대 볼에 등을 보이지 말고, 볼을 주시하며 볼의 앞쪽에서 방향을 바꾼다. 방향 전환 시 뒷걸음이나 두 발 점프 스텝 동작은 취하지 않고 공간을 커버하며 사선으로 이동한다(그림 1-7).

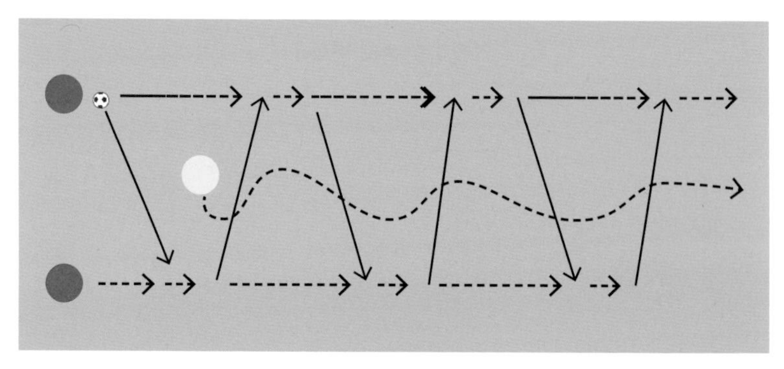

그림 1-7 방향 전환

볼을 향한 시선과 몸의 방향

상대가 볼을 소유하고 있을 때의 스텝은 자유롭게 볼을 바라보며 달리는 것이다. 패스가 연결되는 상황에서, 볼을 보며 마크해야 할 공격수의 공간을 예측하고 미리 차단한다. 뒷공간을 커버하기 위해서는 골문 쪽 공간을 커버하는 방향으로 물러난다(그림 1-8).

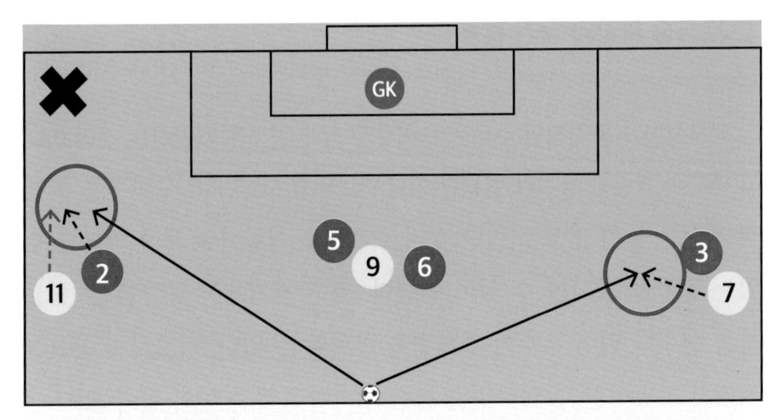

- 사람을 보면서 볼을 노리는 것이 아니라 볼을 보면서 사람을 마크하기 위해 공간을 노려야 한다.

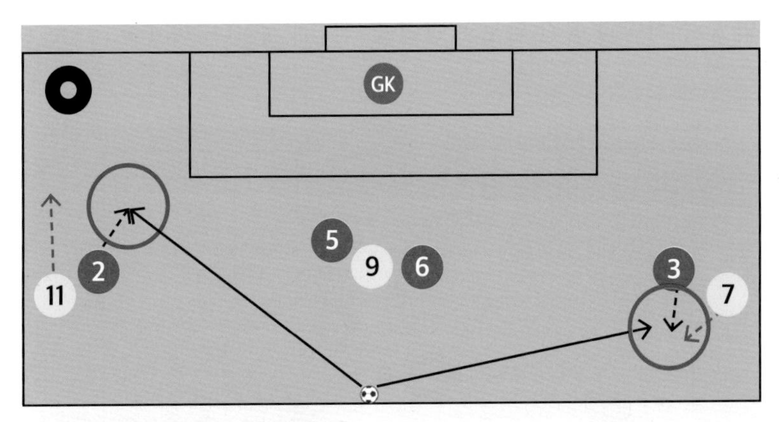

- 예측하고 공간을 미리 차단한다.
- 볼을 보면서 공간으로 물러난다.

그림 1-8 볼을 향한 시선

2) 도중 차단과 공간 활용

적극적이고 공격적인 수비는 반칙으로 상대 공격을 차단하는 것이 아니고 예측과 과감한 용기가 필요한 정상적인 도중 차단이다. 수비수는 볼에서 시선을 놓지 않고 적절한 수비 스텝으로 이동하여 도중 차단할 수 있는 공간을 차지할 수 있어야 한다. 축구 경기에서 공간을 잘 활용하는 선수나 팀이 우수한 경기력을 발휘할 수 있다. 팀으로서 공간을 점령하고 방어할 수 있다면 훌륭한 수비력을 갖춘 팀이 될 수 있다.

다음은 상대 미드필더의 패스를 예측하는 상황과 상대 측면 공격수에게 연결되는 상황, 그리고 중앙 공격수에게 연결되는 상황에서의 도중 차단과 공간 확보의 방법을 나타낸 것이다(그림 1-9).

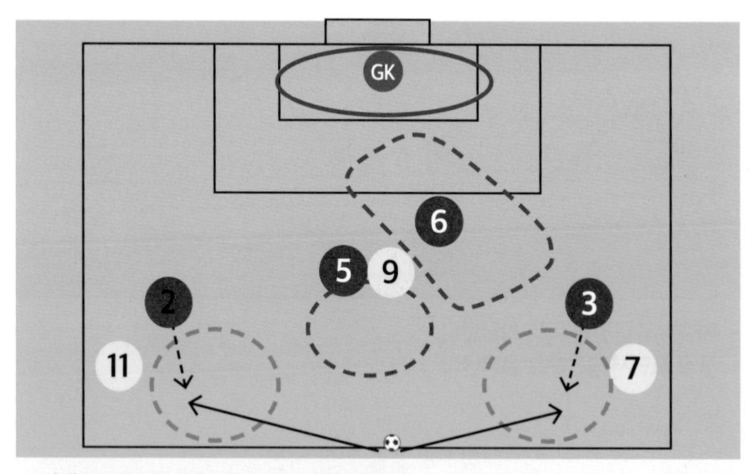

- 상대 MF 패스를 예측하며 수비 자세를 취할 때
  1) 공격적인 수비 인식과 태도 2) 시선과 몸의 방향은 볼
  3) 도중 차단으로 볼과 공간을 점령한다.

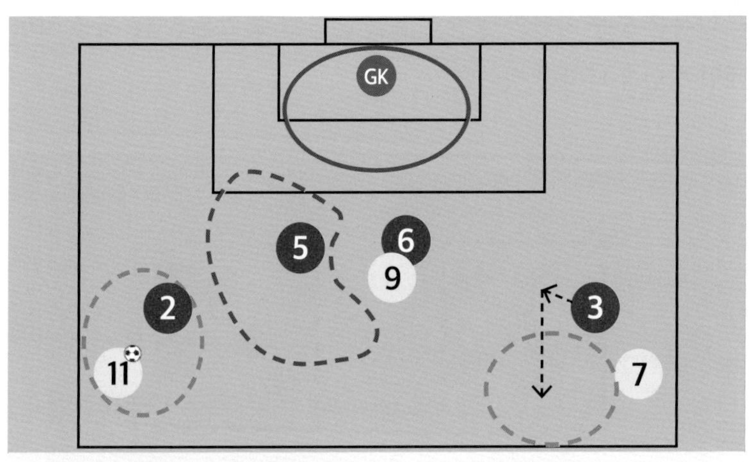

- 상대 측면 공격수에게 연결된 상황
  1) 볼, 나, 골문의 위치와 거리 유지하며 지연 2) 적극적으로 추격하며 실수를 유도
  3) 파울을 범하지 않도록 한다. 4) 최후의 방어는 태클
  5) 반대편 측면 수비 커버 위치 : 볼 이동에 따라 공간 차단을 예측한다.

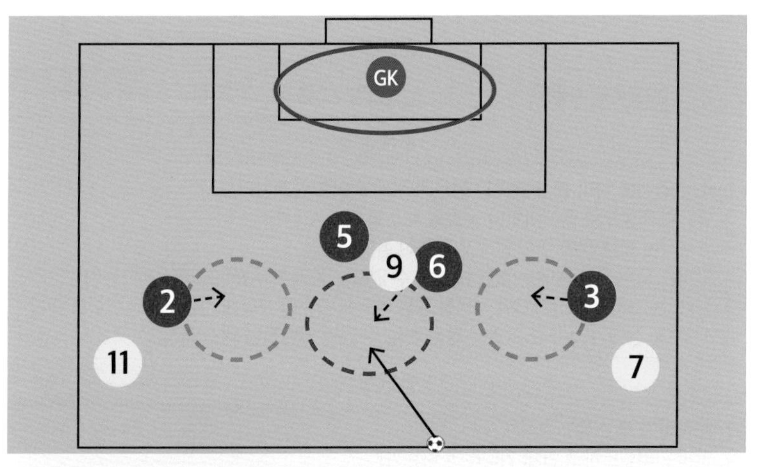

- 중앙 공격수에게 연결되는 볼
  1) 볼에 가까운 중앙 수비수가 도중 차단 2) 볼에 먼 쪽 중앙 수비수 커버
  3) 공간으로 좁힌다.
  4) 공격수가 볼을 소유하는 순간 돌아서지 못하게 한다.

그림 1-9 도중 차단과 공간 활용

다음은 도중 차단과 공간 활용을 훈련할 수 있는 6대6 도중 차단 게임 방법을 나타낸 것이다.

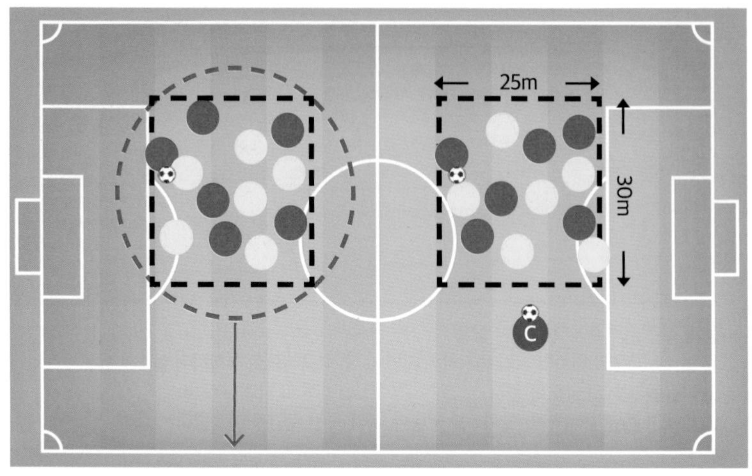

훈련 구성		
20분(5분 4세트)	12명 2그룹	6v6 소유와 도중 차단

훈련 방법

1. 소유 경기를 하며 볼을 빼앗긴 팀은 빠르게 수비로 전환한다.
2. 투터치 이상으로 플레이하며 논스톱 패스를 하지 못한다.
3. 공격자는 볼을 세워 두지 말고 이동하며 플레이한다.
4. 수비는 도중 차단 외에는 볼을 빼앗을 수 없다. - 공격수가 컨트롤하면 기다린다.
5. 3세트는 코치가 순간적으로 사용한 볼을 바꿔서 공수를 교대해 진행시키는 변화를 준다.
6. 4세트는 상대가 소유하고 있는 볼을 뺏을 수 있는 일반적인 패스 경기

훈련 목적

1. 움직이며 볼 소유
2. 언제 인터셉트하고 언제 기다려야 하는가?
3. 볼 소유를 위해 팀으로 함께해야 하고 볼을 뺏기 위해 함께해야 한다.
4. 볼을 주시하며 공간 우선 마크
   * 마크를 보며 볼을 막는 것이 아니라 볼을 보며 상대를 막는다.

그림 1-10 6대 6 도중 차단 게임

3) 마크와 커버플레이

경기장의 지역과 수비수의 숫자에 따라 마크와 커버플레이가 다르게 전개될 수 있다. 숫자가 부족할 때는 상대의 동료에게 패스가 연결되지 못하도록 볼을 가진 상대를 마크한다. 숫자가 같을 때는 마크와 커버를 혼합하여 적절하게 사용한다. 측면 상황에서 고려해야 할 마크와 커버플레이는 다음과 같다.

공격수 ⑪이 볼을 받기 전에 1차로 도중 차단을 시도한다. 상대가 볼을 소유하면 상대 속도를 제어하면서 지연한다. 상대 측면 수비수 ②가 공격에 가담하면 2대1 수비 방법으로 공간을 커버하며 지연한다. ② 선수가 오버래핑으로 올라오면 ②선수를 마크한다. 공격수 ⑪이 중앙으로 드리블하면 중앙 수비수 ⑤ 또는 수비형 미드필더 ④가 커버한다(그림 1-11).

측면 공격수 안쪽 드리블 상황–공간으로 이동

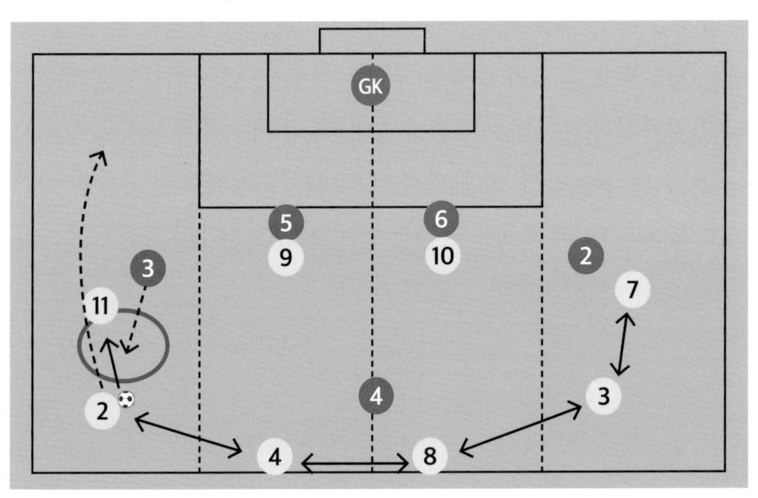

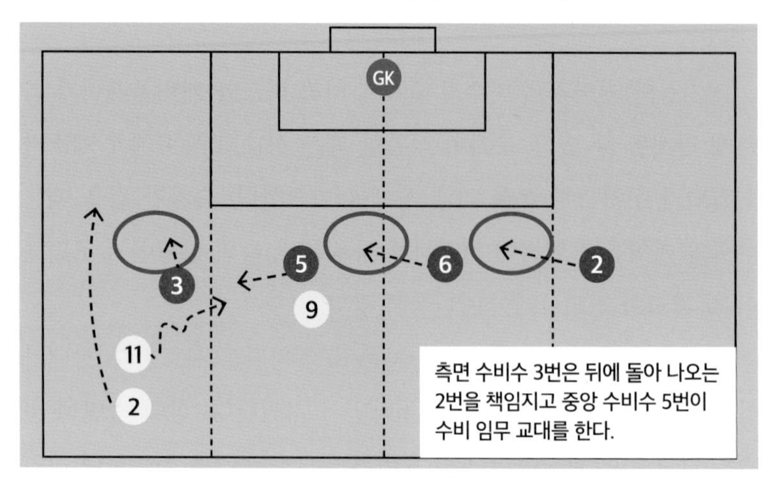

그림 1-11 마크와 커버 - 측면 상황

경기장 중앙의 경우, 볼의 방향에 따라 역할이 정해진다. 중앙 공격수가 한 명일 경우에는 두 명의 중앙 수비수 중 한 선수는 전방을 책임지고 한 선수는 뒷공간을 커버한다. 패스가 연결될 때 도중 차단을 시도하고, 패스가 연결된 후에는 볼을 주시하며 자세를 낮추고 위험 지역에서 몰아내도록 한다. 2대1로 수적으로 우세한 상황에서는 볼의 방향에 따라 볼에 가까운 수비는 공격적으로 공간을 차단하고 볼에서 먼 쪽 수비는 공간을 커버한다(그림 1-12).

볼의 방향에 따라 역할이 정해진다.

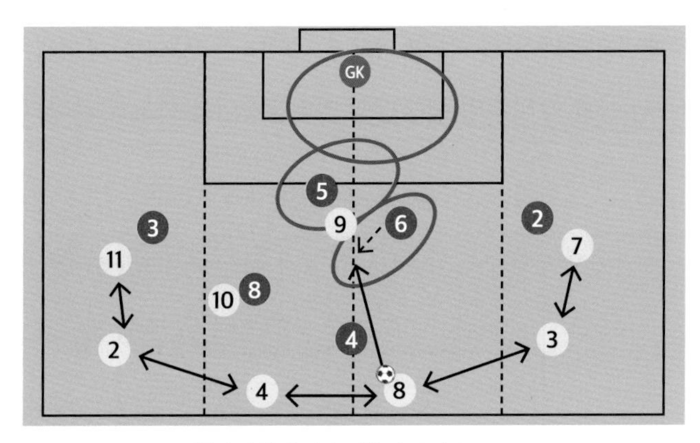

볼의 방향에 따라 역할이 바뀐다.

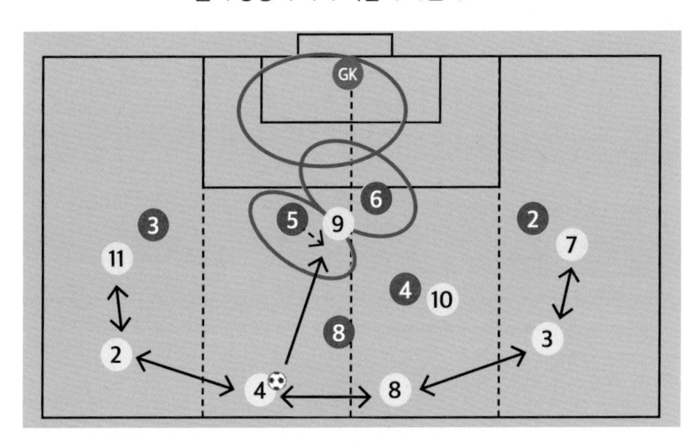

2대1로 수적 우세 상황 – 볼의 방향에 따라 볼에 가까운 수비,
공격적인 공간 차단, 먼 쪽 수비 공간 커버

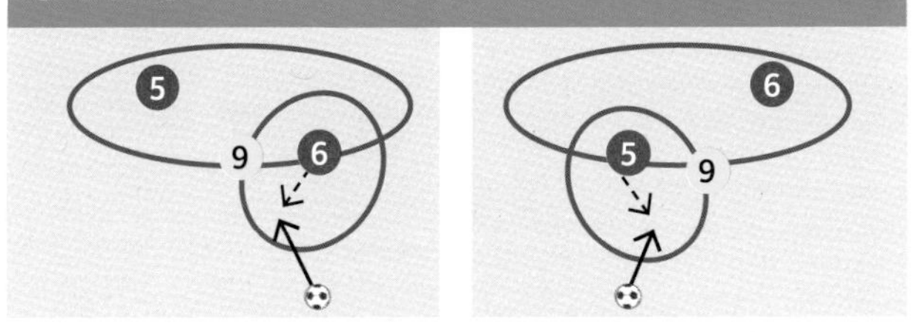

그림 1-12 마크와 커버–중앙 상황

중앙에서 2대2로 동등한 숫자의 공격수가 있는 경우에는 2대2의 기본 개념을 적용한다. 볼에 가까운 수비수는 상대를 마크하고 먼 쪽 수비수는 동료 수비수와 뒷공간의 커버플레이를 하도록 한다(그림 1-13).

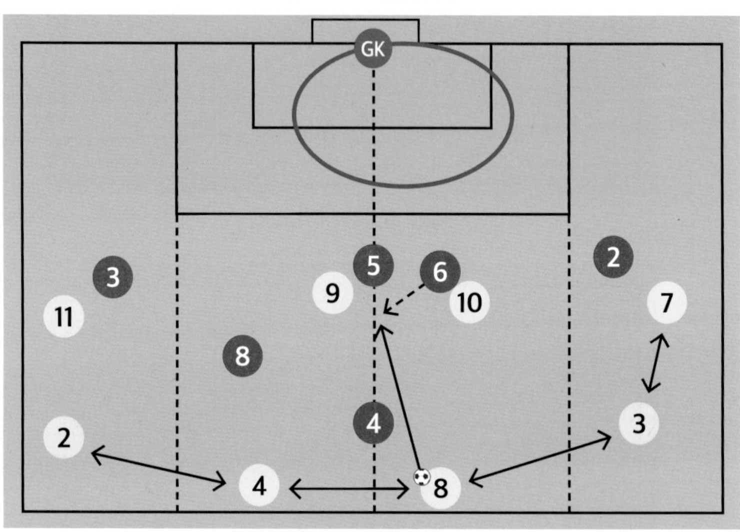

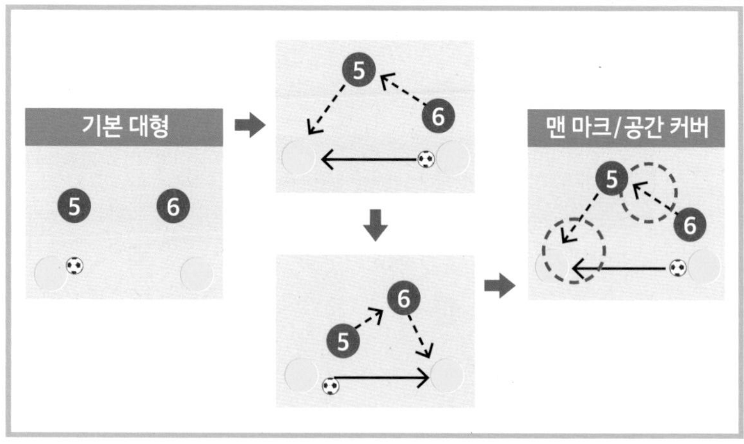

그림 1-13 마크와 커버-중앙 2대2 상황

3. 경기 상황별 역할과 임무

경기 중 수적인 상황과 볼의 위치에 따라 수비수 개인의 역할과 팀으로서 움직임의 원칙이 조정되어야 한다. 전방에서 동료들의 압박이 강할 때는 공간을 지키며 측면은 1대1 개념으로, 중앙은 2대1의 개념으로 수비 위치를 선정한다(그림 1-14).

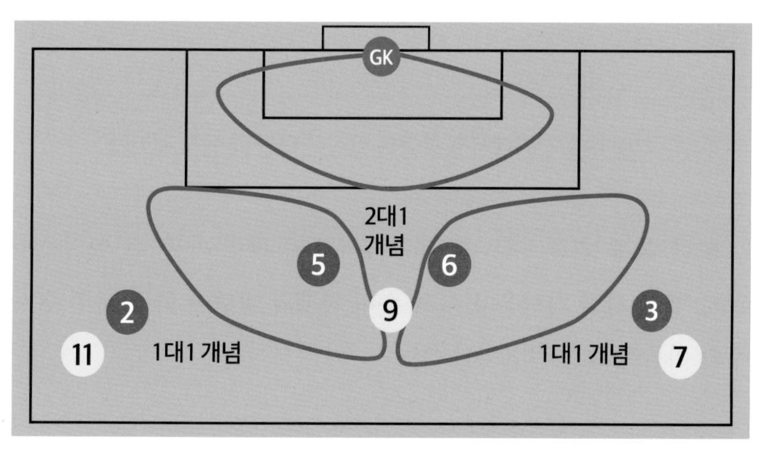

그림 1-14 전방에서 동료들의 압박이 강할 때 공간을 지키며 대인 마크

전방에서 동료들의 압박이 약할 때는 골문을 지키는 형태로 수비 위치를 선정한다(그림 1-15).

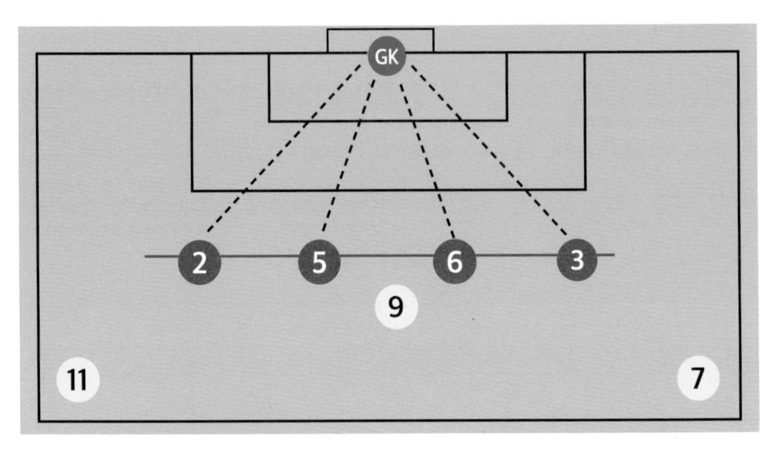

그림 1-15 전방에서 동료들의 압박이 약할 때 골문 지키기

또한 볼을 기준으로 마크와 커버가 수시로 바뀔 수 있다(그림 1-16). 볼에 가장 가까운 선수의 수비 자세와 방향에 따라 배후 수비수의 이동이 결정된다(그림 1-17).

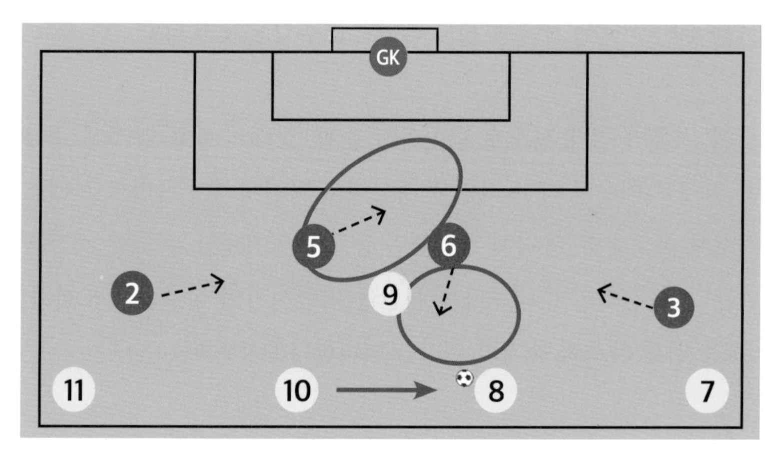

그림 1-16 볼을 기준으로 마크와 커버의 변화

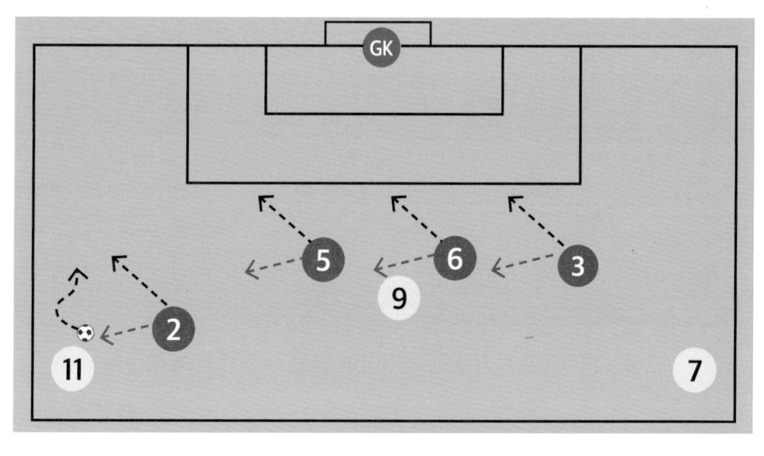

그림 1-17 볼에 근접한 선수의 수비 자세와 방향에 따른 배후 수비수 이동과 변화

1) 수비수 공격 가담 중 볼을 빼앗기고 수적 열세인 상황

볼 소유가 상대 팀으로 넘어가는 순간, 상대의 빠른 공격에 수적인 열세로 대응할 때는 라인을 형성해서 지연시키며 측면으로 패스하도록 유도한다. 공격에 가담했던 동료들이 지원할 수 있는 시간을 만든다. 도전적인 수비보다는 시간을 지연시키며 실수를 유도한다. GK는 침투 패스와 중거리 슈팅을 대비한다(그림 1-18).

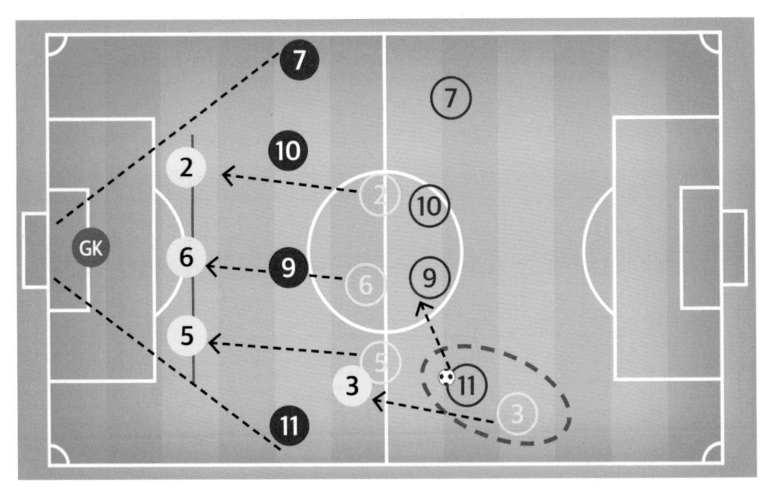

그림 1-18 병목 지역으로 물러나며 볼을 측면으로 몰아내기

상대의 빠른 역습 상황일 때의 수비 훈련 방법은 <그림 1-19>와 같다.

- 드리블하는 선수 ③은 중앙에 설치한 콘까지 온다.
- 수비 라인은 드리블 선수에 맞추어 동시에 올라온다.
- 상대 공격수에게 볼을 주고 콘을 돌아서 수비에 가담한다.
- 나머지 세 명의 수비수는 볼을 빼앗기는 순간, 늦추며 물러난다.
- 콘을 돌아오는 선수를 위해 지연하며 측면으로 볼이 전달되도록 한다.
- 페널티 에어리어 지역까지 최대한 시간을 끌며 지연한다.
- 상대 공격을 차단하면 수비에 복귀하는 선수(ⓐ)는 다시 공격 위치로 움직인다(ⓑ).

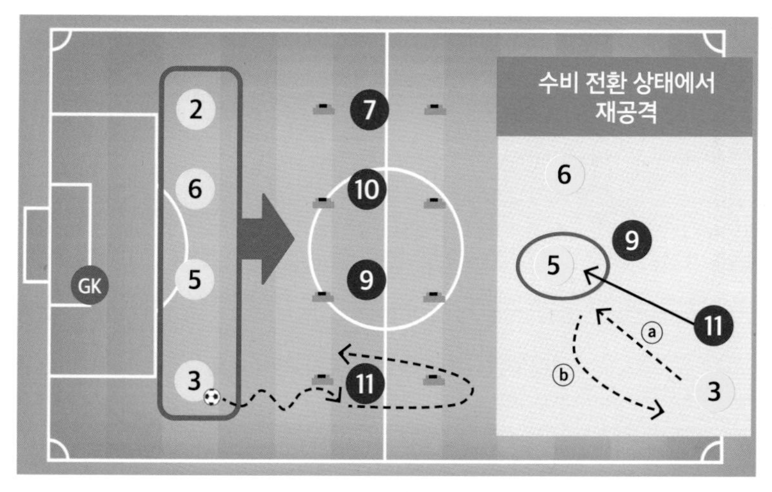

그림 1-19 상대의 빠른 역습 상황일 때의 수비 훈련 방법

2) 포백 라인의 공간 커버 역할

포백 라인이 측면으로 이동하여 측면 수비수 ②가 상대에게 전진하는 순간, 수비 라인 컨트롤의 기준은 중앙 수비수 ⑤가 된다. ⑤, ⑥ 중앙 수비수는 본인들의 전방 선수와 공간 커버에 대해서만 반응하고 대비한다. 즉, ⑤의 뒷공간 커버는 ⑥이 책임지고 ⑥의 뒷공간은 ③이 책임진다. 그러나 마지막 ③은 본인의 전방(⑥의 후방)과 본인의 후방을 예측하고 방어해야 한다(그림 1-20).

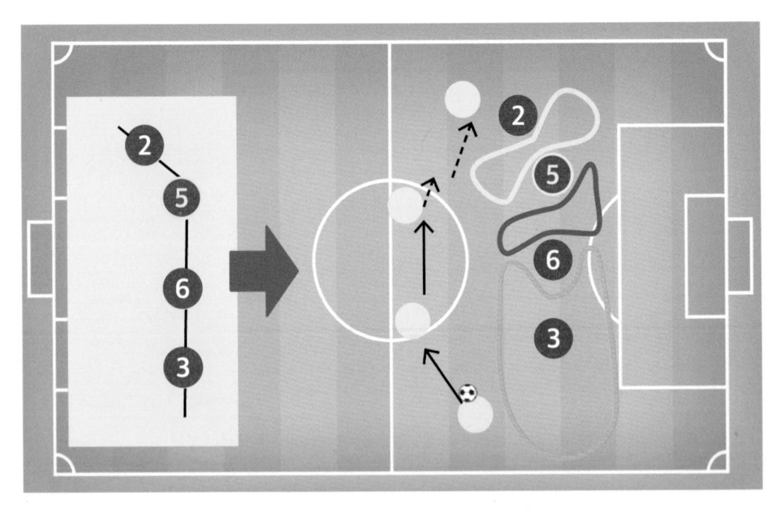

그림 1-20 포백 라인의 공간 커버 역할

3) 측면 크로스에 대응하는 수비

측면에서 상대 공격수에게 돌파를 당하는 순간, 수비수가 문전으로 내려서며 골문 앞 지역 방어를 위해 수비수들의 위치를 설명하면 〈그림 1-21〉과 같다. 공격수의 위치에 상관없이 위험 상황에서 지켜야 할 공간을 커버할 목적으로 ⑤, ⑥ 중앙 수비수는 GK와 함께 골에어리어 앞쪽을 커버하고 반대편 수비수 ②는 주변을 살피며 전방과 자신의 후방까지도 경계해야 한다. 수비형 미드필더 ④는 중앙수비수 ⑤의 수비 라인 쪽에 접근하여 위치한다.

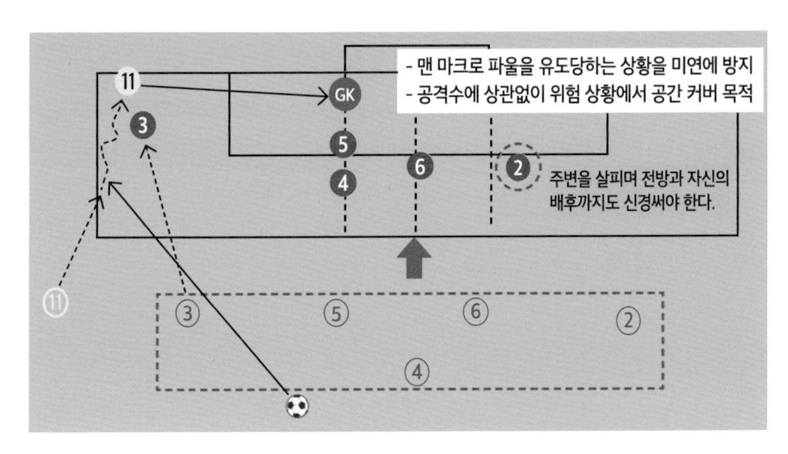

그림 1-21 경기 상황에서 크로스 대응(Zone)

〈그림 1-22〉는 반대편에서 드리블 돌파를 당했을 때의 수비 위치를 나타낸 것이다. 두 명의 중앙 미드필더도 볼의 위치와 동료 선수의 이동에 따른 커버플레이에 중점을 두고 움직여야 한다.

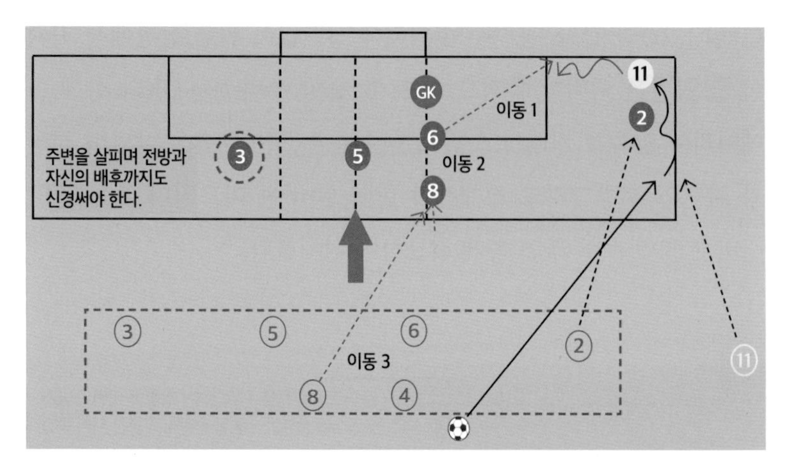

그림 1-22 경기 상황에서 크로스 대응(반대편) : 측면 돌파 드리블 지속될 때 이동 경로

4. 세트플레이 상황의 수비 역할

1) 코너킥 세트플레이

현대 축구에서 코너킥은 직접 득점으로 연결될 수 있는 공격 방법 중 하나이다. 이에 따라 여러 형태의 방법이 있으나, 페널티 에어리어 안에 득점 능력이 있는 공격수를 우선 배치하는 방법이 많이 활용된다. 이러한 공격수를 무력화할 수 있는 방법으로 지역 방어와 맨투맨 대인 방어 등이 있다.

코너킥 세트플레이 지역 수비 형태의 경우, 골 에어리어 라인과 페널티 라인 사이의 공간을 방어하는 것이 중요하다. 오른발을 사용하는 상대 코너킥에 대응하는 기본 위치는 다음 〈그림 1-23〉에 나타난 것과 같다.

키커가 왼발을 사용할 때는 기본 위치에서 상대 골문 방향으로 반 발짝 정도 전진하여 위치한다. 키커를 돕는 선수(A)가 접근하면, 수비수 ⑪과 ⑨는 볼 쪽으로 신속히 이동해야 한다. ③과 ⑩은 볼에 집중하며 생긴 공간을 차지하고, ④, ⑤, ⑥은 반 발짝 정도 볼 쪽으로 이동한다. 우리 편 GK가 볼을 잡으면 전체가 신속하게 넓혀 나가며 빠르게 공격으로 전환한다.

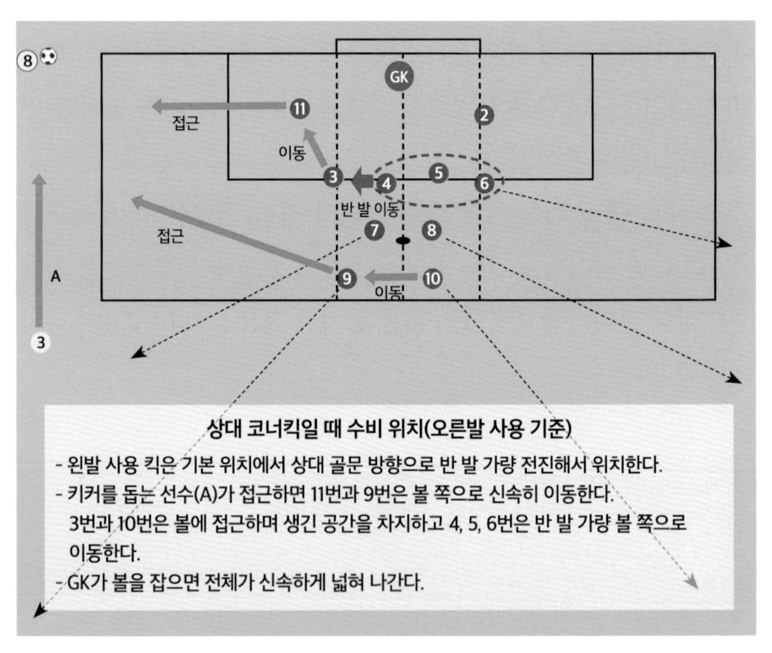

그림 1-23 코너킥 지역 방어 세트플레이 1

코너킥 세트플레이 지역 수비 형태에서 두 명의 수비수를 골문 안쪽에 배치할 수도 있다. 두 명의 수비수가 골문 안쪽에 위치할 때의 기본 위치는 〈그림 1-24〉와 같다. 키커를 돕는 선수(A)가 접근하면, 수비수 ③과 ⑨는 볼 쪽으로 신속히 이동하고, ⑥과 ⑩은 공간을 커버한다.

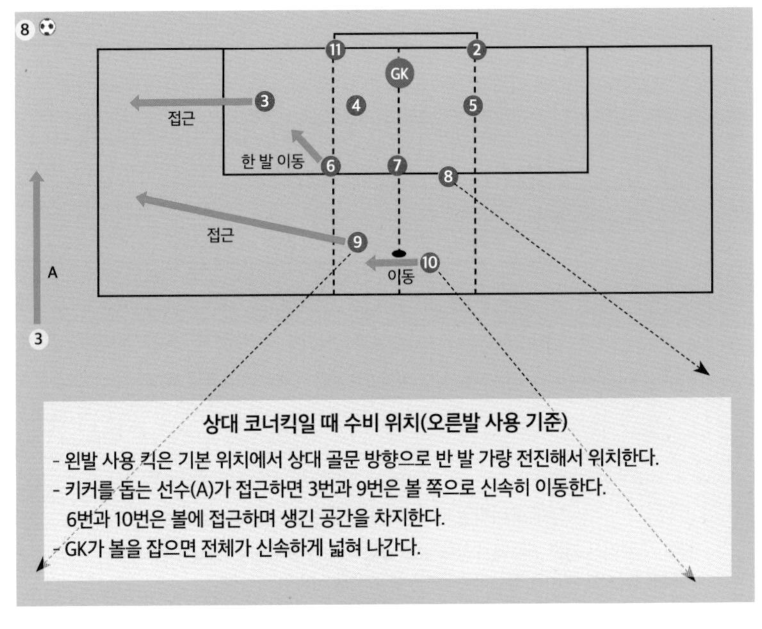

그림 1-24 코너킥 지역 방어 세트플레이 2

코너킥 세트플레이 수비를 할 때 대인 방어와 지역 방어를 동시에 활용하는 경우도 있다. 헤딩 능력이 있는 선수를 마크를 통해 견제하면서 위험 지역을 커버하는 방법이다. 〈그림 1-25〉는 혼합 형태의 코너킥 수비의 기본 위치를 나타낸다. ⑪, ② 수비수는 양쪽 골대 앞 공간을 커버하고 ③, ④, ⑤는 골 에어리어 중앙 지역에 위치한다. 키커를 돕는 선수(A)가 접근하면 ③이 볼 쪽으로 신속히 이동하고, ②, ④, ⑤는 볼에 접근하여 생긴 공간을 순서대로 이동하여 커버한다. 우리 편 GK가 볼을 잡으면 신속하게 넓혀 공격으로 전환한다.

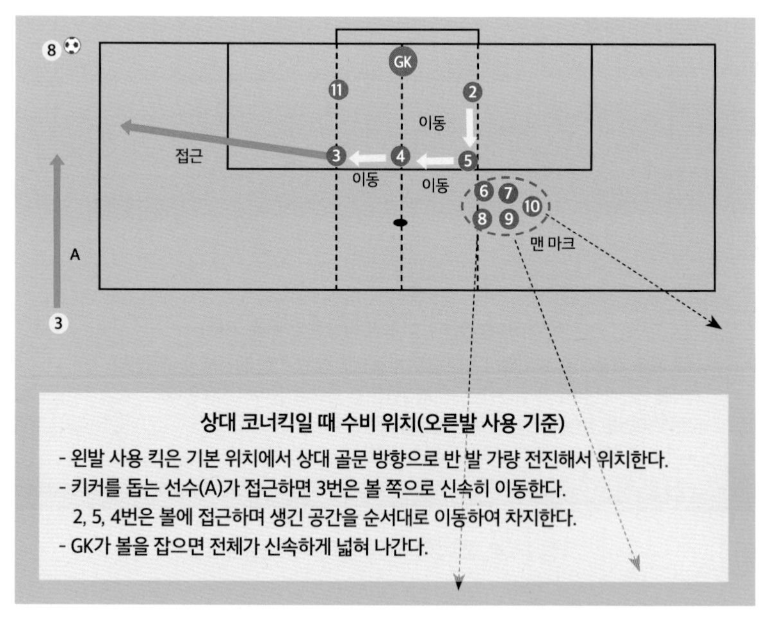

그림 1-25 코너킥 대인 방어 & 지역 방어 세트플레이 3

2) 측면 프리킥 세트플레이 지역 방어

측면 프리킥 상황에서의 수비 역할의 기본 위치는 〈그림 1-26〉과 같다. 키커의 왼발, 오른발 사용 여부에 따라 벽을 좌우로 이동하여 위치를 조정한다. 키커가 두 명 위치하는 경우, ⑩이 벽에 가담하거나 Ⓐ, 포인트 Ⓑ, 그리고 벽 뒤의 공간 Ⓒ로 넘기는 볼에 대비한 수비 준비를 해야 한다.

키커가 한 명 위치하면 ⑩은 Ⓑ에 위치한다. ⑨는 킥이 떠날 때까지 집중하고 볼이 떠나는 순간 키커의 공격 가담을 확인한 후 역습 준비를 한다. ①은 대각선 방향으로 이동하고 나머지 선수들은 라인을 맞추어 비스듬히 내려선다. 수비수는 미리 이동하지 않도록 하고, 키커가 디딤발을 내려놓는 순간 동시에 움직인다. ⑦, ⑧은 간격을 유지하며 함께 내려서서 세컨드 볼과 역습을 준비한다.

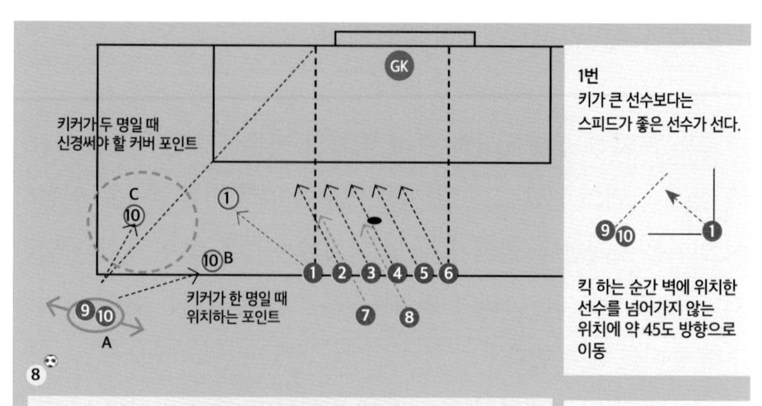

측면 프리킥일 때 수비 위치

- 왼발과 오른발 사용에 따라 벽을 좌우 이동하여 위치를 조정한다.
- 키커 숫자에 따라 10번은 벽에 가담하며(A), 포인트(B)와 뒷공간(C) 넘기는 볼에 대비한 수비를 준비한다.
- 9번은 킥이 떠날 때까지 집중하며 볼이 떠나는 순간 키커의 공격 가담을 체크한 후 역습을 준비한다.
- 1번은 대각으로 이동하고 나머지 선수들은 라인을 맞추며 비스듬히 내려선다.
- 수비는 미리 이동하지 않도록 하며, 키커가 디딤발을 내려놓는 순간 동시에 움직인다.
- GK가 볼을 잡으면 전체가 신속하게 넓혀 나간다.

2, 3, 4, 5, 6번
킥 하는 순간
70도 가량 비스듬히
내려선다.

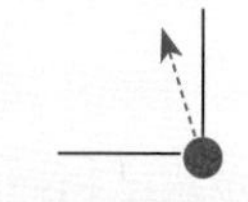

7, 8번 간격을
유지하며 함께 내려서며
리바운드와 역습을 생각
한다.

그림 1-26 측면 프리킥 지역 방어

3) 스로인 세트플레이 수비

스로인 상황에서도 기본적 수비 방법은 동일하다. 상대 선수 뒤에 너무 바짝 붙으면 불리한 상황이 전개될 수도 있다. 적당한 거리를 두고 볼을 잡은 후 돌아서지 못하도록 한다. 맨투맨 대인 방어는 상대 공격수의 포지션 교체에 취약할 수도 있다(그림 1-27). 동료 선수 간의 효율적인 소통이 중요하므로 짧은 말로 서로의 전술적 의도를 표현할 수 있도록 훈련을 통해 사전에 숙달하도록 한다.

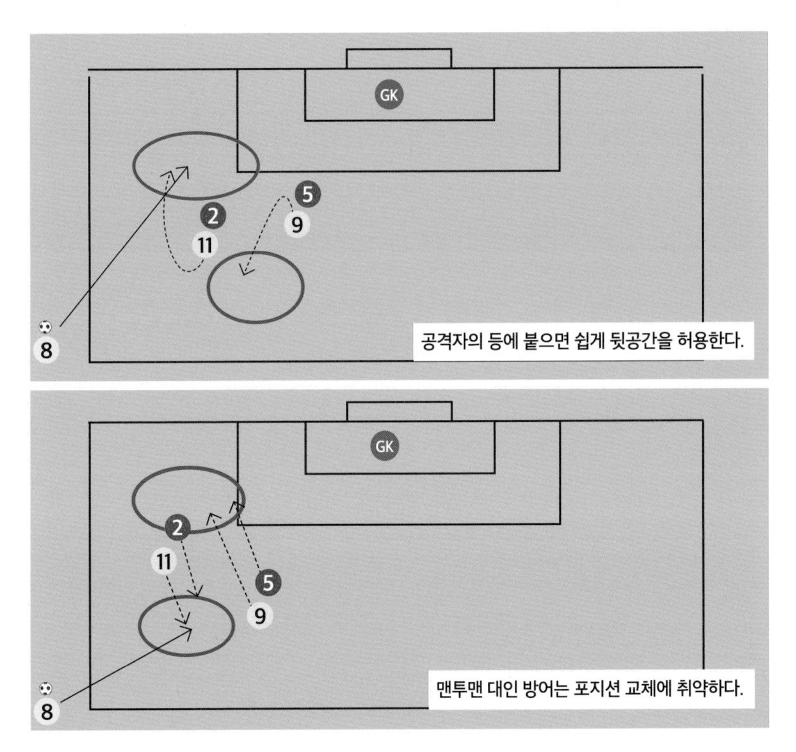

그림 1-27 스로인 세트플레이 수비

II 팀 수비 원칙과 전술

1. 팀 수비 핵심 원칙

팀 수비 훈련을 지도하기 전에 팀 수비의 원칙과 전술에 대해 근본적인 이해를 하는 것이 중요하다. 이러한 원칙과 전술은 팀 수비 훈련 안에서 지도되고 강화되어야 한다. 팀 수비를 효과적으로 하기 위해서는 선수들과 이러한 원칙을 효율적으로 전달·소통할 수 있는 코치의 능력이 무엇보다도 중요하다.

1) 대치 라인과 통제 라인

- **대치 라인 :** 〈그림 2-1〉에서 팀 수비 압박을 적용하기 시작하는 라인
- **통제 라인 :** 수비 진영(백 라인)이 압박 시 올라가는 지점, 라인

대치 라인line of confrontation과 통제 라인line of restraint은 팀이 함께 적절한 대형과 밀집도compactness를 유지하는 주요 요인이다.

팀 수비를 지도할 때, 네 가지 기본 대치 라인을 사용한다. 통제 라인은 이 대치 라인을 따라 자연스럽게 올라가고 내려간다. 네 가지 대치 라인은 전체, 3/4 지점, 하프 그리고 1/4 지점으로 구성된다. 어느 지점에 대치 라인을 설정할 것인지 결정하는 데에는 많은 요소가 있다. 고려해야 할 점은 상대 팀 공격수의 스피드, 상대 팀의 볼 점유 능력, 우리 팀의 체력 수준, 기후 조건, 득점 상태, 선수들의 수, 우리

팀의 대응 능력, 그리고 상대 팀 수비수들의 스피드 등이다.

다음 〈그림 2-1〉은 각 대치 라인과 통제 라인을 보여 준다. 대치 라인은 빨간색, 통제 라인은 파란색이다(붉은색의 1번 대치 라인은 파란색 1번 통제 라인과 연계되고, 나머지 2~4번의 대치 라인과 통제 라인 역시 연계되어 팀의 대치 라인과 통제 라인을 나타낸다).

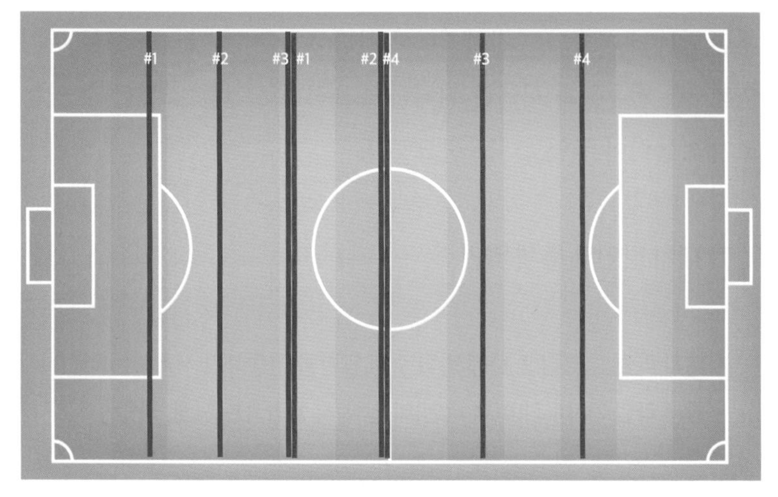

그림 2-1 대치 라인과 통제 라인

대치 라인을 유지하고 있을 때, 코치는 선수들에게 아주 엄격하게 라인을 유지하도록 하거나, 또는 선수 1~3인의 그룹으로 하여금 라인을 넘어서 압박을 확장하도록 할 수도 있다. 압박을 확장하는 데에는 여러 가지 이유가 있을 수 있다. 특히, 우리 팀이 높은 대치 라인을 활용하고 있을 경우이다. 만일 상대 팀의 백 포back four가 대치 라인 바로 뒤에서 편안하게 볼을 받을 수 있다면 그들은 보다 쉽게 전방으로 볼을 가지고 관통할 수 있다. 상대 팀이 볼에 대해 편안함을 느끼도록 해주는 것과 압박 없이 롱 패스를 할 수 있도록 하는 것을 막아야 한다. 특히 고개를 숙인 수비수가 볼을 패스할 때 우리 팀 선수들이 압박을 확장하도록 해야 한다. 그 시점에 1~3명의 선수는 대치 라인을 깨고 역습하기 위해 턴오버turnover를 만들어내려 노력한다.

2) 밀집도

밀집도compactness는 팀 수비의 기본 원칙이다. 팀이 볼을 점유하고 있지 않을 때, 그 팀의 목표는 공격팀을 위한 경기장의 공간을 가능한 한 최소화하는 것이다. 볼이 있는 지역에서 수적 유리함을 창출하는 것이 수비 밀집도의 목표이다.

반면 공격팀의 목표는 이 수비가 흩어지도록 필드를 열어 가는 것이다. 경기장에 넓게 흩어져 위치하는 것은 공격팀이 관통할 수 있는 공간을 열어 준다. 볼을 효율적으로 순환시키기 위해서는 점유하고 있는 팀이 공간을 열기 위해 시도해야 하고 열어야 한다.

수비팀은 정확히 그와 상반되게 하려고 노력할 것이다. 볼을 잃게 되면 공수 전환이 시작된다. 전환은 축구 경기에서 가장 중요한 순간 중 하나이다. 흩어졌던 팀은 다시 밀집하려 할 것이고, 콤팩트했던 팀은 흩어지려고 할 것이다. 이것은 간단하게 설명한 것이지만, 경기를 이해하는 중요한 관점이다. 팀이 어떻게 공격에서 수비로, 그리고 수비에서 공격으로 전환하느냐가 그 경기의 결과를 결정한다.

다음 〈그림 2-2〉는 홈팀의 아래쪽 수비 블록low defensive block에서의 좋은 수비 밀집도를 보여 준다.

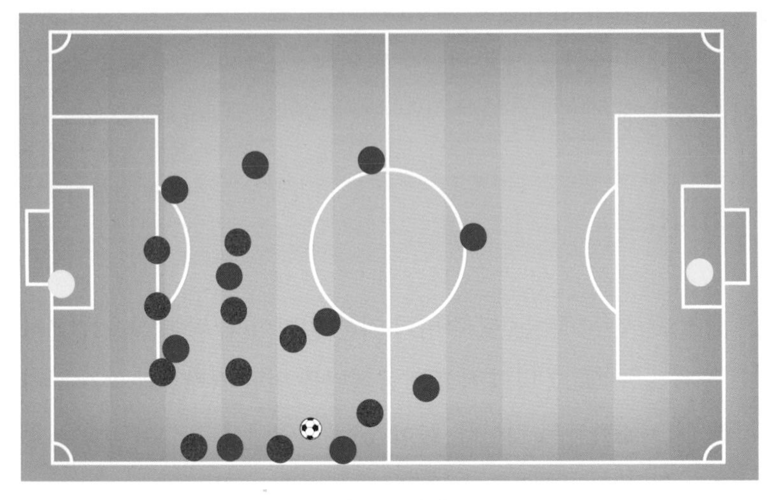

그림 2-2 밀집도

3) 프레싱

프레싱pressing은 팀이 상대 팀을 맹렬하게 압박하여 볼을 빼앗아 공격으로 전환하고자 사용하는 수비 방법이다. 이 방법은 매우 공격적인 전략으로, 이를 수행하기 위해서는 선수들의 강한 정신력과 높은 수준의 체력이 요구된다. 프레싱은 또한 패스 옵션을 줄이는 것과 빈번한 더블팀double-teaming을 요구한다.

프레싱에는 풀 프레스full press, 하프 프레스half press, 페이크 프레스fake press 그리고 내려서 수비하기sitting back 등이 있다.

〈그림 2-3〉은 4명의 청팀 선수가 5명의 홍팀 선수를 상대로 효율적인 프레싱을 하고 있는 것을 보여 준다. 청팀 1번과 2번 선수가 패스 각도를 제거하는 동안 자신의 압박 대상 선수를 두고 가는 것에 주목해야 한다. 이상적으로 청팀은 수적 우위여야 하나, 수적으로 부족한 상태라 할지라도 적합한 포지셔닝은 패스 각도를 제거하고 압박할 수 있다는 것을 보여 준다.

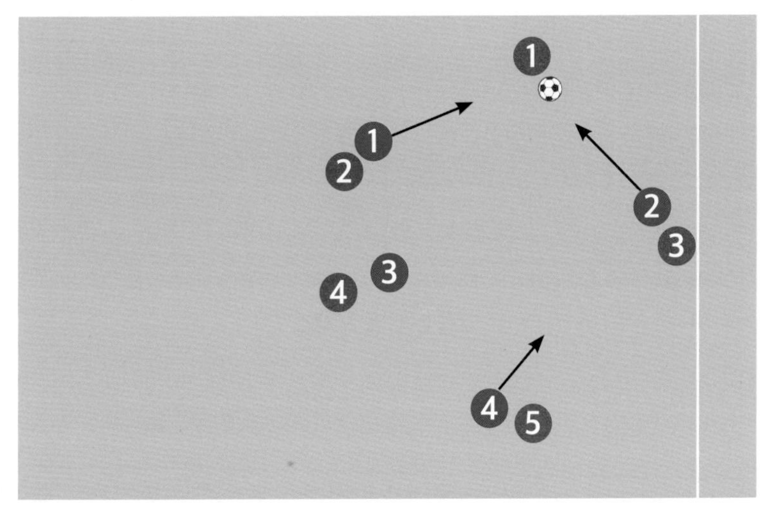

그림 2-3 프레싱

풀 프레스(Full press)

팀은 총력을 다해 상대 팀 방향으로 나아가고, 압박을 확장할 때 높은high 대치 라인을 활용한다.

〈그림 2-4〉는 팀의 풀 프레스 형태를 보여 준다. 빨간 선이 대치 라인이고 파란 선이 통제 라인이다.

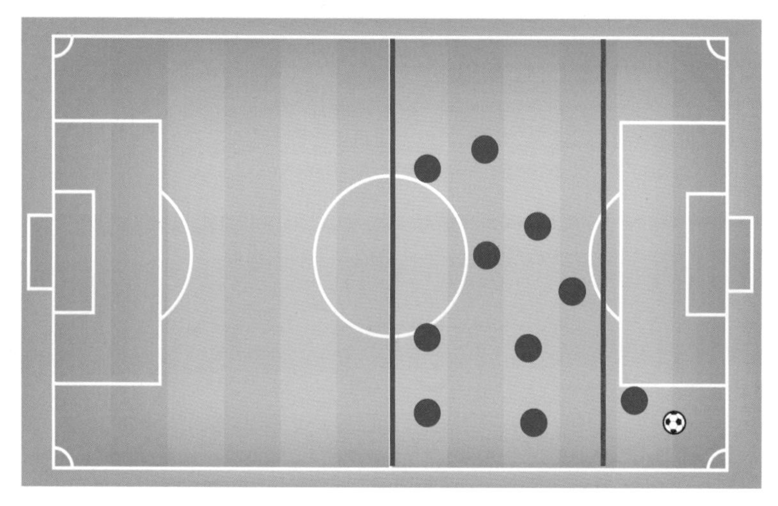

그림 2-4 풀 프레스

하프 프레스(Half press)

대치 라인을 필드의 하프 라인 근처로 정한다. 대치 라인으로 상대 팀이 다가오면 이 지역에서 강한 압박을 시작한다.

〈그림 2-5〉는 팀의 하프 프레스 형태를 보여 준다. 빨간 선이 대치 라인이고 파란 선이 통제 라인이다.

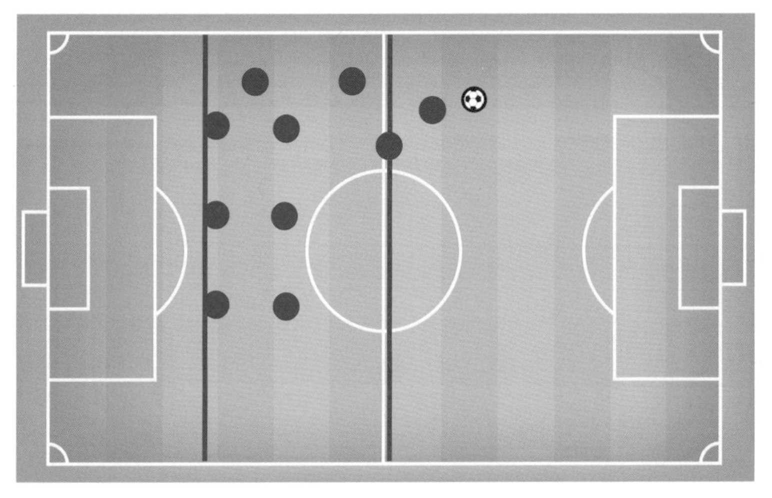

그림 5 하프 프레스

내려서 수비하기(Sitting back)

수비팀은 필드의 자기 팀 하프 라인 안쪽에 대치 라인을 선택한다. 내려서 수비하는 경우에는 위험 지역의 수비가 매우 중요하다. 위험 지역은 페널티 박스에서 15m 확장된 범위이다. 이곳이 가장 많은 득점과 어시스트가 만들어지는 지역이다. 더 넓은 지역과 골로부터 30m 이상의 지역은 덜 중요한 수비 지역이라 볼 수 있다.

〈그림 2-6〉은 팀이 내려서 수비하는 위치를 보여 준다. 빨간 선이 대치 라인이고, 파란 선이 통제 라인이다.

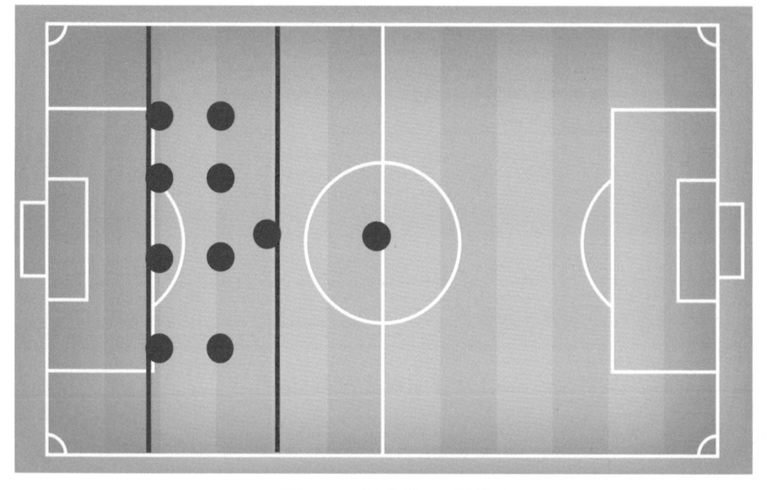

그림 2-6 내려서 수비하기

페이크 프레스(Fake press)

팀이 압박을 하려는 듯한 인상을 주지만 실제로는 그렇지 않은 경우이다. 이 경우 팀은 1~2명의 선수가 스스로 압박을 하게끔 보내고 나머지 선수들은 후방에 머물러 있게 하는 경우이다.

지역 수비

이론적으로 각 선수는 필드에서 한 지역을 담당한다. 상대 선수가 자신의 수비 지역으로 오면 해당 선수를 마크한다. 공격수가 그 지역을 떠나면 수비수는 그다음 지역의 다른 수비 선수에게 해당 공격 선수를 넘긴다. 다음 수비수에게 공격수를 넘길 때, 시각적 그리고 언어적 소통이 있어야 한다.

〈그림 2-7〉은 지역 수비와 선수에 대한 패스를 보여 준다. 홈팀 F2가 다음 지역으로 넘어갈 때 그에 대한 수비는 중앙 오른편에서 중앙 왼편 수비수에게 넘겨진다. 그리고 홈팀 미드필더 M2가 공격에 가담할 수 있는데, 이는 청팀에 문제를 야기하게 된다. 미드필더가 라인 사이를 달릴 때 그들을 추격하거나 마크해야 한다. 해결책은 후방 라인 선수들이 앞으로 나와서 미드필더를 마크하거나(이 방법은 후방 라인으로 하여금 대형을 흐트러지게 할 수 있다), 미드필더로 하여금 뒤로 물러나게 하는 것이다(이 방법은 볼을 획득하여 미드필드에서 열린 공간으로 나가는 전환 시에 문제가 될 수 있다). 지역 수비는 문제 해결과 패스와 슈팅 옵션을 최소화하는 적절한 포지셔닝에 관한 것이다.

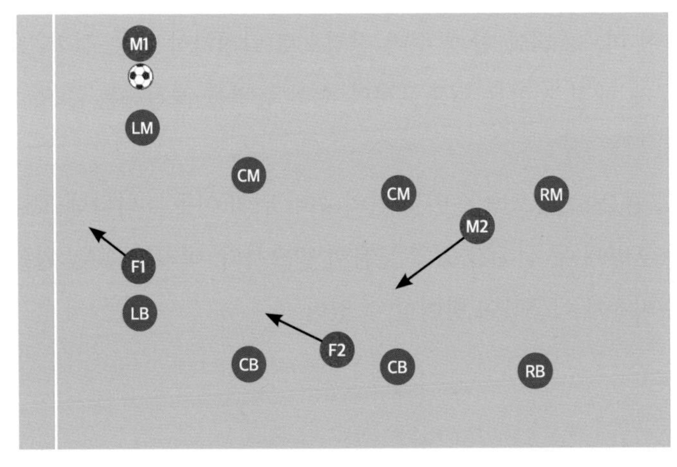

그림 2-7 지역 수비

수비 위치 이동(Defensive shifting)

선수가 이동할 때는 모든 공격수가 커버되어야 한다. 예를 들어 만일 오른편 후방에 두 선수가 오른편 중앙 후방의 선수를 커버하기 위해 있다면, 이들은 마크되지 않은 공격수에게 이동할 수 있다. 만일 오른편 중앙 후방의 선수가 상대 선수를 마크하고 있었다면, 왼편 중앙 후방 선수는 해당 선수가 이동할 수 있도록 오른편 중앙 후방을 담당한다.

이동은 문제 해결 방법의 하나이다. 문제를 해결할 수 있다는 것은 수비를 하는 데 있어 매우 중요하다. 공격팀은 수비진의 균형을 깨고 혼란스럽게 만들기 위해 움직임과 위치 변화 등을 활용하길 원한다. 수비수들은 수비수와 미드필드 라인 사이에서 플레이하는 것을 선호하는 공격수를 방어하기 위해 반드시 함께 조직적으로 수비해야 한다. 미드필드로 침투하는 공격수는 수비수에게 문제가 될 수 있다는 것을 의미한다.

그렇다면 수비수는 자신의 포지션에서 벗어나 이 공격수를 따라가야 하는 것일까? 이 공격수는 미드필드에 침투함으로써 미드필드에서의 공격 수적 우위를 창출해 낼 수 있을까? 수비형 미드필더가 공격형 미드필더와 함께 수비 진영으로 달려가야 하는 걸까? 이러한 문제 해결 능력은 팀으로서의 수비 능력을 결정하는 주요 요인이다.

〈그림 2-8〉은 포백 수비 라인의 수비 위치 이동을 나타낸 것이다. 왼쪽 후방에 두 선수가 있고 도움이 필요하다. 이러한 경우, 왼쪽 중앙 수비수가 이동하여 방어할 수 있다.

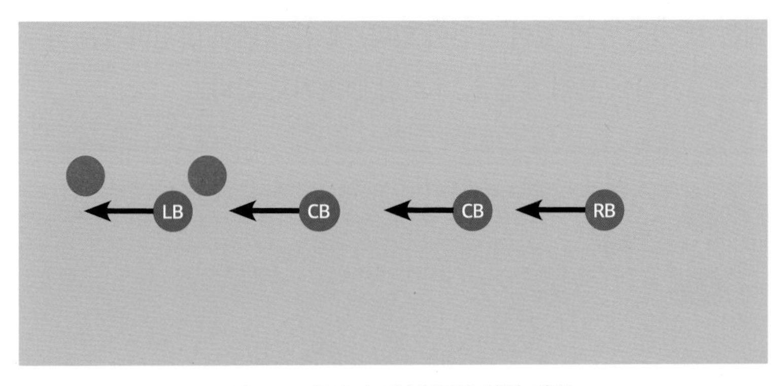

그림 2-8 포백 수비 라인의 위치 이동

압박, 커버 및 균형 : 제1수비수, 제2수비수, 제3수비수

제1·2·3수비수의 역할을 이해하는 것이 매우 중요하다. 제1수비수는 제2수비수와 제3수비수가 차지하는 포지션을 결정짓는다. 제1수비수의 역할은 압박을 통해 경기 플레이의 속도를 늦추고 경기를 예측 가능하도록 하는 것이다. 제2수비수의 역할은 제1수비수가 돌파당한 경우, 그를 지원하고 포워드 패스하는 것을 제거하는 것이다. 제3수비수의 역할은 팀에 균형을 주고, 한 발 더 나아가 패스의 각도를 제거하는 것이다. 이러한 것들은 수비수의 일반적인 책임사항이다. 경기가 빠르게 진행되므로, 문제 해결을 위해서는 빠르게 반응하는 것이 핵심이다.

〈그림 2-9〉는 압박, 커버, 그리고 균형과 커버 범위의 선에 관한 기본 원칙을 보여 준다. 왼쪽 후방은 압박이고, 왼쪽 중앙 후방은 커버(45도 각도 후방), 오른쪽 중앙 후방은 균형이고 오른쪽 후방 역시 균형이다. 흰색 점선은 각 수비의 깊이depth를 나타낸다. 두 번째 예시

에는 세 가지 수비 깊이 라인이 있다. 세 겹 라인이 안전하기는 하지만 오프사이드 트랩 운동을 더 어렵게 하기도 한다.

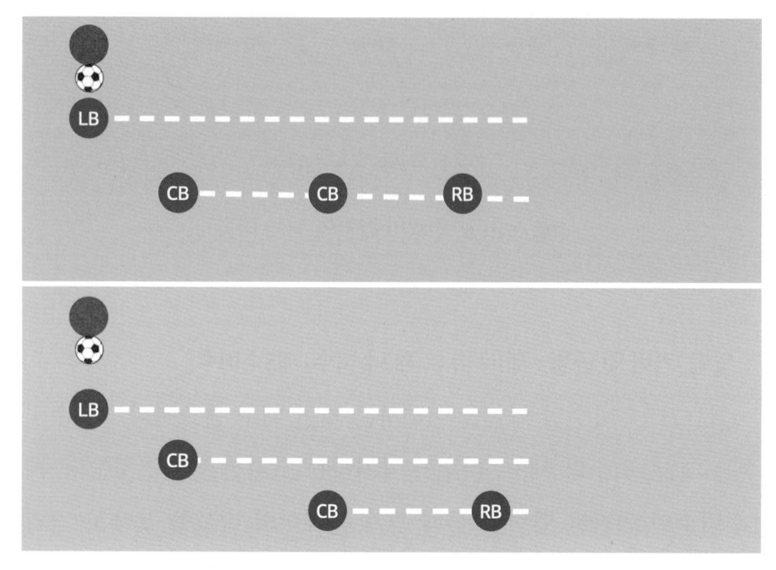

그림 2-9 압박, 커버 및 균형

수비 전술 지시를 위한 키워드

- Slide right : 밀집도를 이루기 위해 팀은 단체로 오른쪽으로 움직여야 한다. 팀은 볼의 방향을 따라간다.
- Slide left : 밀집도를 이루기 위해 팀은 단체로 왼쪽으로 움직여야 한다. 팀은 볼의 방향을 따라간다.
- Hold : 팀이 필드에서 더 나아가지 않는 상태. 특히 후방과 미드필드, 팀의 나머지 선수들이 홀딩하고 있을 때 전방과 개별 선수가 스스로 전진하여 압박하는 것은 가능하다.

- Drop : 팀 전체가 후방으로 내려가는 것. 이는 볼에 어떠한 압박이 없고 공격팀이 빠르게 전진할 기회를 갖고 있을 때 이루어진다. 수비는 정비하기 위한 시간을 벌어야 하고, 수비 라인 뒤의 위험한 공간을 차단해야 한다.
- Step : 팀 전체가 필드 위로 올라갈 때를 말한다. 이는 공격팀이 후방에서 볼을 플레이하고 있고 당장 전진할 수 없거나, 또는 볼을 소유하고 있는 선수가 후방으로 드리블을 해야 하는 상황에 있을 때이다. 위로 전진해 나감으로써 공격하는 팀을 좁은 공간 내로 압박한다.
- Show-in : 제1수비수가 안쪽으로 볼과 함께 공격수를 밀어 넣으라고 말하는 것.
- Show-out : 제1수비수가 사이드라인 쪽으로 볼과 함께 공격수를 밖으로 내보내라고 말하는 것.
- Back Left : 제2수비수가 제1수비수로 하여금 자신이 왼쪽 후방을 커버한다는 사실을 알게 하는 것.
- Back Right : 제2수비수가 제1수비수로 하여금 자신이 오른쪽 후방을 커버한다는 사실을 알게 하는 것.
- Double : 팀원이 볼을 소유하고 있는 선수를 압박하고 있을 때, 그 압박을 도와주는 것. 이는 한 명의 공격수에 대하여 두 명의 수비수가 방어하는 상황을 만들어낸다.
- Goal side : 수비수가 스스로 자신이 마크하는 선수와 골 사이에 포지셔닝하는 것. 코치 또는 선수들이 "골 사이드로 가!"라는 소리를 들을 것이다.

포지션별 책임 구역

〈그림 2-10〉은 수비수와 미드필더의 일반적 책임 구역을 나타낸 것이다. 시각적 지역의 구분은 선수들의 수비 형태와 위치를 설정하는 데 도움을 줄 수 있다. 레프트 백LB과 레프트 미드필더LM는 Zone #1과 Zone #2 구역을 커버한다. 레프트 센터백LCB과 레프트 중앙 미드필더LCM는 Zone #1, 2 그리고 #3 구역을 커버한다. 라이트 센터백RCB과 라이트 중앙 미드필더RCM는 Zone #2, 3 그리고 #4 구역을 커버한다. 라이트 백RB과 라이트 미드필더RM는 Zone #3과 #4 구역을 커버한다.

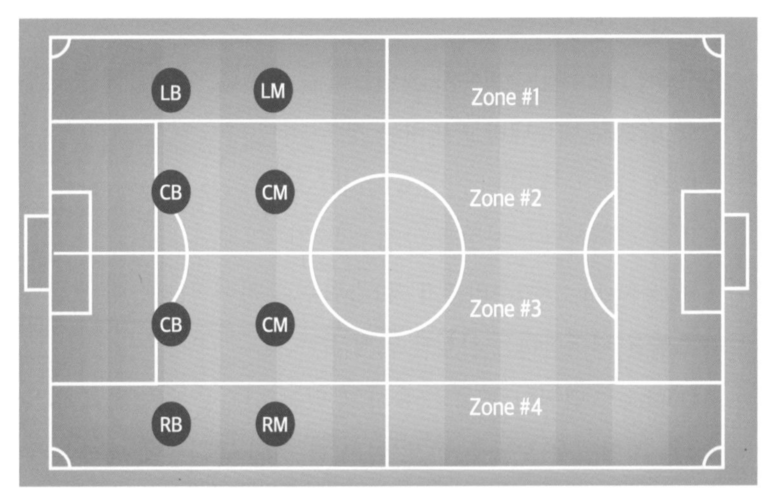

그림 2-10 포지션별 책임 구역

2. 팀 수비 훈련

팀 수비 훈련을 할 때에는 수비의 기본 원칙을 고려해야 한다. 수비 원칙을 중심으로 다양한 훈련 방법이나 프로그램을 만들어 활용할 수 있다. 팀 수비 훈련에 도움이 되는 훈련 방법을 소개한다.

1) 볼 쫓기(Closing the ball)

- **선수** : 4~12명
- **규격** : 40×20m
- **지도 및 핵심 포인트** : 선수들은 흰색 콘에서 빠르게 달려 빨간색 콘으로 이동한다. 빨간색 콘에 가까워지면 속도를 늦춰 수비 자세를 갖춘다. 빨간색 콘을 볼을 가지고 있는 상대 공격수로 가정하고 한쪽 방향의 수비 자세를 취한다. 다시 낮은 속도로 흰색 콘으로 이동하고 같은 동작을 반복한다. 준비 운동과 함께 활용할 수도 있다(그림 2-11).

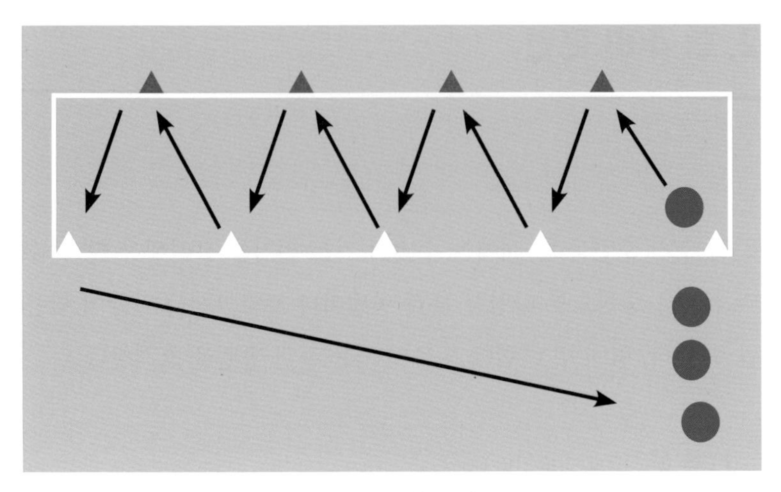

그림 2-11 볼 쫓기

2) 단위 압박(Unit Pressure), 커버 및 균형

- **선수** : 12명
- **규격** : 40×30m (각 40×10m씩 세 구역으로 분리)
- **지도 및 핵심 포인트** : 한 라인당 4명씩 3라인. 모든 라인은 서로 간에 동일한 간격을 두고 구역에 가로질러 서 있다. 전방 라인의 선수는 자기 옆에 있는 선수에게 볼을 패스한다(처음에는 천천히, 후방의 2라인이 볼의 움직임에 맞출 수 있도록). 제1수비수는 압박을 하고, 제2수비수는 커버를 하며, 제3수비수는 균형을 잡는다. 두 라인 모두 각각 정확하게 동일한 위치에 있어야 한다. 두 팀이 모두 빠르게 맞출수록 볼을 패스하는 팀은 이를 더 빠르게 패스할 수 있다(두 수비 라인을 단체로 더 빠르게 움직이게 한다).

선수들이 오른쪽 이동slide right, 왼쪽 이동slide left, 볼ball, 왼쪽 커버back left, 오른쪽 커버back right 지시의 호출을 기억하도록 한다. 또한 선수들이 압박하는 수비와 동일한 형태의 자세를 취하도록 한다. 선수들은 볼에 가까워야 하고, 선수들의 몸 중심은 동일한 방향을 향해 있어야 한다. 선수들 사이에 어떠한 침투형 패스가 들어올 수 있는 공간을 허용해서는 안 된다.

다음 〈그림 2-12, 2-13, 2-14, 2-15〉는 볼과 관련한 선수들의 적합한 위치를 보여 준다. 압박, 커버 그리고 균형에 유의한다.

볼의 위치 1

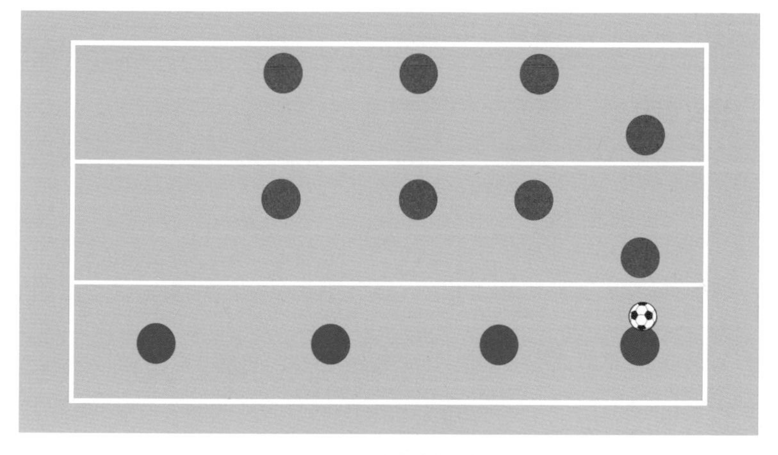

그림 2-12 볼의 위치 1

볼의 위치 2

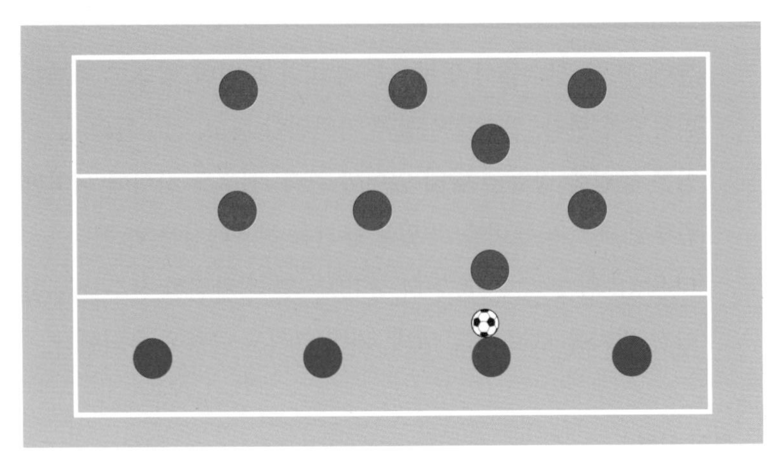

그림 2-13 압박, 커버 및 균형을 위해 45도 각도를 유지한다.

볼의 위치 3

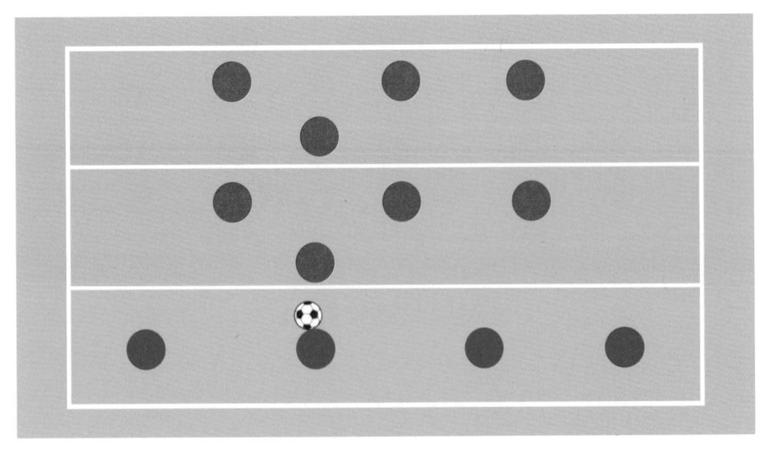

그림 2-14 볼의 이동에 따른 팀 전체의 움직임이 일치해야 한다.

볼의 위치 4

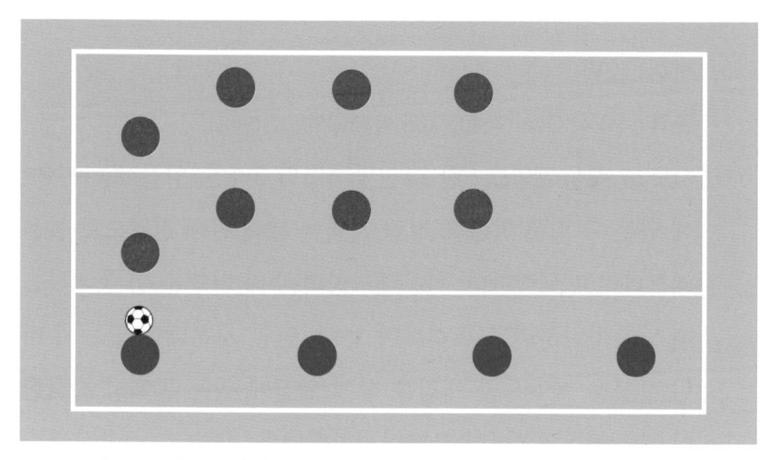

그림 2-15 콤팩트하게 위치하여 전방으로 연결되는 패스를 차단한다.

3) 단위 압박, 커버 및 균형 라이브 플레이(Balance Live Play)

- **선수** : 12명
- **규격** : 40×30m (각 40×10m씩 세 구역으로 분리)
- **지도 및 핵심 포인트** : 한 라인당 4명씩 3라인. 양끝 존end zone에 있는 두 팀은 가운데 청팀 지역을 통해 반대 진영으로 볼을 패스하려고 노력한다. 가운데 4명의 수비 라인은 이 통과하는 패스를 차단하려고 노력해야 한다. 만일 가운데에 있는 수비팀이 볼을 빼앗으면 게임은 다시 양끝에 있는 존에서 시작한다. 수비팀은 3분마다 로테이션한다(그림 2-16).

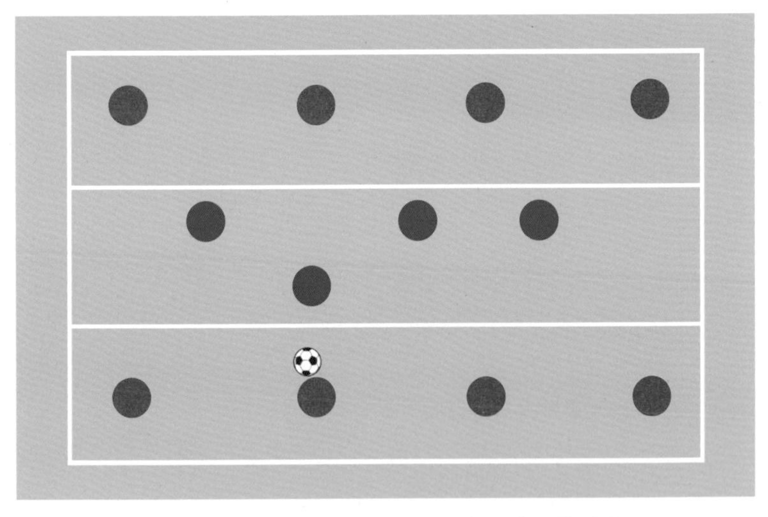

그림 2-16 4인 압박, 커버 및 균형 라이브 플레이

4) 단위 압박, 커버 및 균형 4팀

- **선수** : 16명
- **규격** : 40×40m (각 40×10m씩 네 구역으로 분리)
- **지도 및 핵심 포인트** : 홍팀은 청팀을 통과하여 반대편에 있는 홍팀에게 보내야 한다. 만일 청팀이 이 패스를 가로챌 경우, 다른 청팀에게 성공적으로 패스하도록 플레이해야 한다. 볼을 점유한 팀은 스루 패스 기회를 만들 때까지 자신의 지역에서 볼을 패스한다. 수비하는 동안 수비팀은 볼의 위치에 따라 대형에 맞춘다. 4명이 하나의 단위로서의 압박, 커버, 균형과 밀집도가 요구된다(그림 2-17).

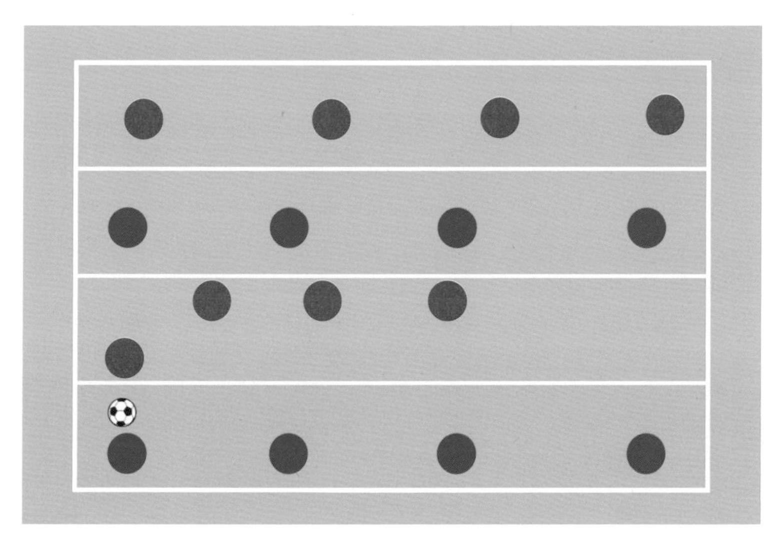

그림 2-17 4팀 단위 압박, 커버 및 균형

5) 4대4 대치 라인

- **선수** : 8명
- **규격** : 45×40m (양쪽 끝에서 15m 떨어진 곳에 대치 라인 형성)
- **지도 및 핵심 포인트** : 홍팀은 두 군데 빨간색 콘이 위치한 곳에서 득점을 해야 하고, 반면 청팀은 두 군데 파란색 콘에서 득점해야 한다. 홍팀은 빨간 선을 자신의 대치 라인으로 활용하고, 청팀은 파란 선을 자기 팀의 대치 라인으로 활용한다. 이 훈련은 압박, 커버, 균형, 적절한 회복 달리기recovery runs와 지역 방어를 활용한 적절한 라인 수비에 초점을 맞춘다. 수비할 때 선이 올바른 곳에 위치하도록 유념한다. 공격팀은 수비팀이 문제를 해결하고 적응하기에 좋은 움직임을 갖고 플레이해야 한다. 오프사이드가 적용된다(그림 2-18).

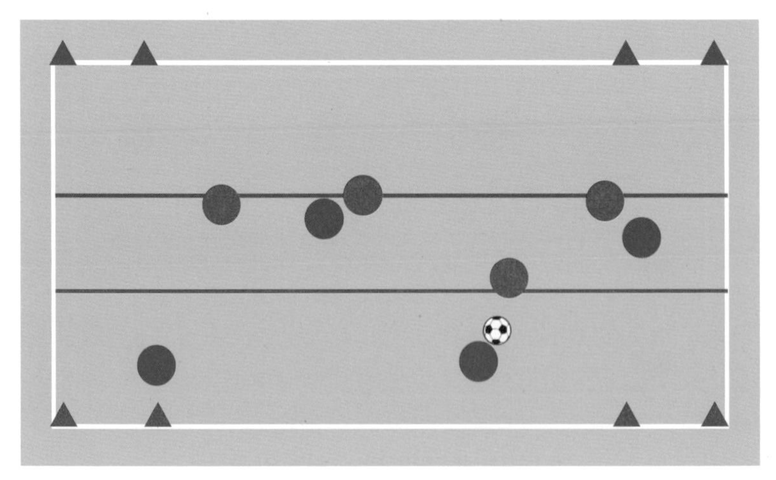

그림 2-18 4대4 대치 라인 훈련

6) 6대4 단위 수비

- **선수** : 13~18명
- **규격** : 하프 필드
- **지도 및 핵심 포인트** : 6명의 공격수와 4명의 수비수 및 골키퍼가 대치한다. 6명의 공격수는 자신의 위치에 라인업해야 한다. 포워드 2명, 윙어 2명 그리고 2명의 센터 미드필더가 볼을 사이드에서 사이드로 보내면서 앞으로 전진하는 플레이를 한다. 목표는 볼을 빠르게 움직여 수비 라인을 선수와 볼의 움직임에 맞추는 것이다. 공격수의 볼 점유의 최종 결과는 골대를 향한 슈팅으로 이어지는 것이다(선수는 크로스를 올릴 수도 있다). 만일 수비수가 볼을 빼앗는다면, 두 명의 타깃target 선수(Ⓣ) 중 한 명에게 볼을 연결한다. 각 볼 점유가 끝나면 코치는 미드필드에서 다시 시작한다. 수비 라인에 대한 지시는 다음과 같다: "ball", "slide right", "slide left", "push", "drop" 및 "hold." 사실상 오프사이드 규칙이 적용된다(그림 2-19).

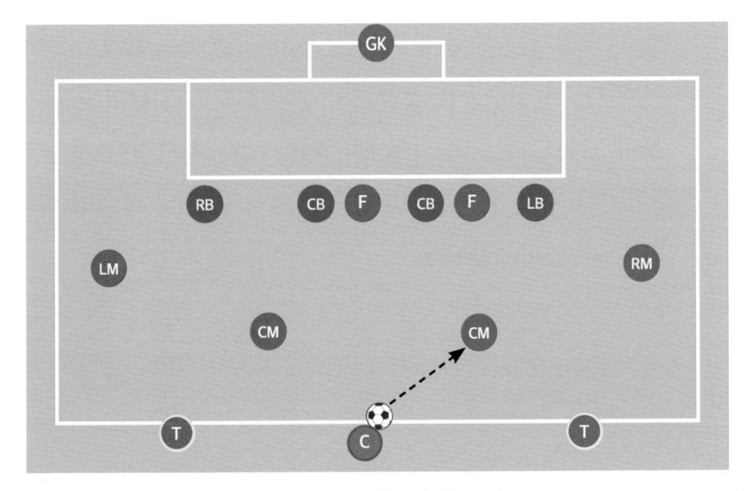

그림 2-19 6대4 단위 수비

7) 8대6 후방 라인과 중앙 미드필더

- **선수** : 17~23명
- **규격** : 하프 필드
- **지도 및 핵심 포인트** : 8명의 공격수와 6명의 수비수 및 골키퍼가 대치한다. 8명의 공격수는 자신의 위치에 라인업해야 한다. 포워드 2명, 윙어 2명, 중앙 미드필더 2명 및 센터 수비수 2명. 목표는 볼을 빠르게 움직여 수비 라인을 선수와 볼의 움직임에 맞추는 것이다. 공격수의 볼 점유의 최종 결과는 골대를 향한 슈팅으로 이어지는 것이다(선수는 크로스를 올릴 수도 있다). 만일 수비수가 공을 빼앗는다면, 두 명의 타깃 선수(Ⓣ) 중 한 명에게 볼을 연결한다. 각 볼 점유가 끝나면 코치는 미드필드에서 다시 시작한다. 수비 라인에 대한 지시는 다음과 같다: "ball", "slide right", "slide left", "push", "drop" 및 "hold". 사실상 오프사이드 규칙이 적용된다. 두 명의 중앙 미드필더는 10~12m 정도 중앙 수비수 앞에 위치한다. 이 두 명의 중앙 미드필더는 중앙에 더 머무르고 측면으로 끌려 나가서는 안 된다. 이 선수들은 중앙 수비수의 보호막과 같이 움직이며, 볼이 포워드 선수의 발로 연결되는 것을 차단한다. 효율적인 6인 수비 블록 형성은 11대11 경기에서 팀 수비 전술의 핵심이라 할 수 있다(그림 2-20).

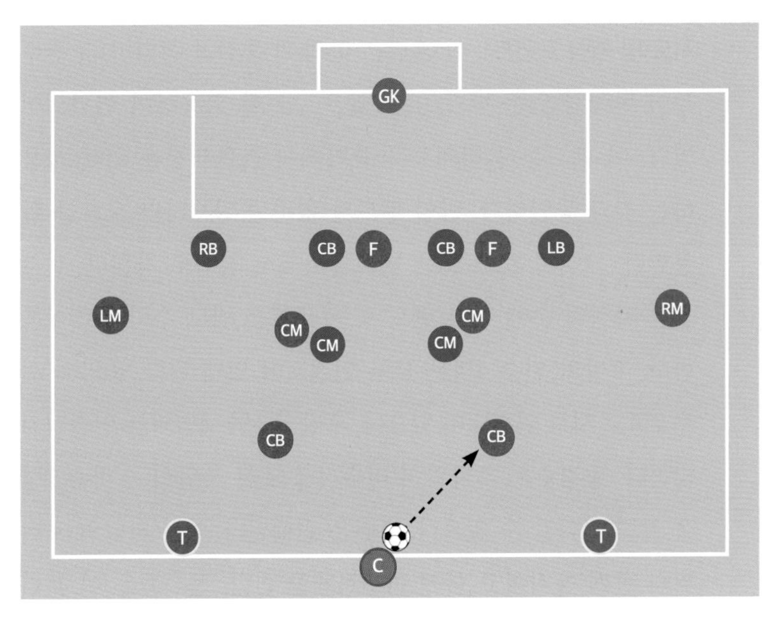

그림 2-20 8대6 후방 라인과 중앙 미드필더

8) 8대6과 6대4의 연합(탄력성 있는 밴드 또는 얇은 로프 활용)

- **선수** : 15~24명
- **규격** : 하프 필드
- **지도 및 핵심 포인트** : 이 훈련은 앞의 7) 훈련과 동일하나, 선수들이 탄력성 있는 밴드 또는 얇은 로프를 활용하여 연결되어 있다. 이 밴드는 물리치료나 요가에서 스트레칭을 위해 사용하는 것과 동일하다. 만일 밴드가 없다면 가느다란 로프를 활용한다. 그리고 로프 또는 밴드를 4~5m 길이로 자른다. 선수들은 자신의 손에 각각 밴드 또는 로프를 쥐고 수비 플레이를 한다. 후방의 선수 4명은 모두 연결되어 있게 된다. 중앙의 선수 2명도 서로 연결되어 있으나, 후방의 선수 4명과는 연결되지 않는다. 공격수는 후방의 수비수 4명 또는 중앙의 수비수 2명을 뚫고 지나갈 수 없으나, 훈련은 진행된다. 이는 하나의 조직처럼 함께 움직이고 함께 머무르게끔 한다. 선수들은 이 훈련을 재미있게 즐기고 유익하기도 하다. 이 훈련을 6대4 및 8대6으로 시도한다(그림 2-21).

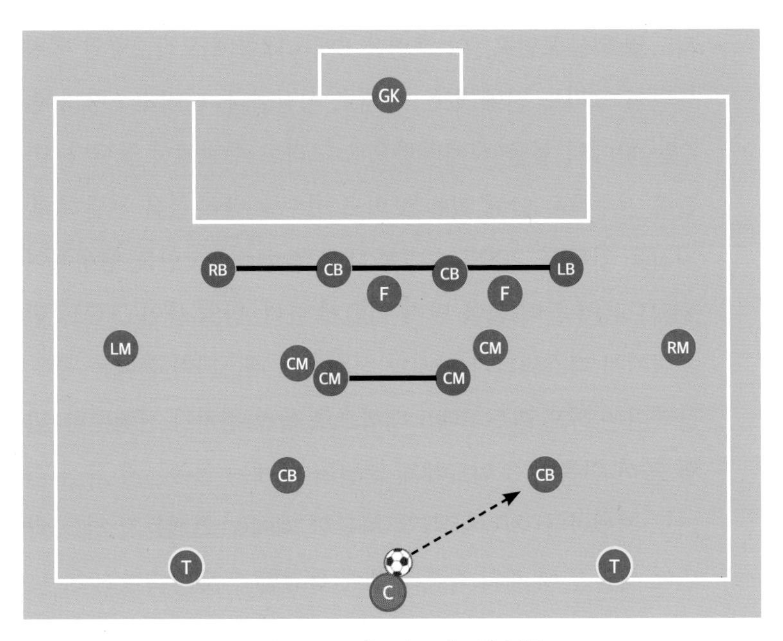

그림 2-21 8대6과 6대4의 연합

9) 8대6 골문 앞 스크린

- **선수** : 15~21명
- **규격** : 하프 필드와 페널티 박스에서 25m 확장된 부분까지
- **지도 및 핵심 포인트** : 이 훈련은 8대6 대형에 오직 2명의 포워드만이 그리드 안에 있는 형태로 시작한다. 나머지 6명의 선수는 밖에서 볼을 시계방향으로 그리드 주변에서 돌린다. 바깥쪽 선수들은 안에 있는 포워드 선수의 발에 볼을 전달해 줄 지점을 찾는다. 2명의 수비형 미드필더는 스크린을 형성하여 포워드 선수들이 볼을 받기 어렵게 한다. 만일 볼이 그리드 밖 주변에서 패스되다가 마지막 선수에게 패스되어 끝나는 경우, 플레이는 하프 필드 8대6 대형으로 득점 경기가 진행된다. 만일 볼이 안쪽의 포워드에게 전달된 때에는 언제든지 득점 경기로 진행한다. 청팀이 볼을 차단한 때에는 언제든지 하프 라인에 세워진 세 개의 작은 골대에 득점할 수 있다(그림 2-22).

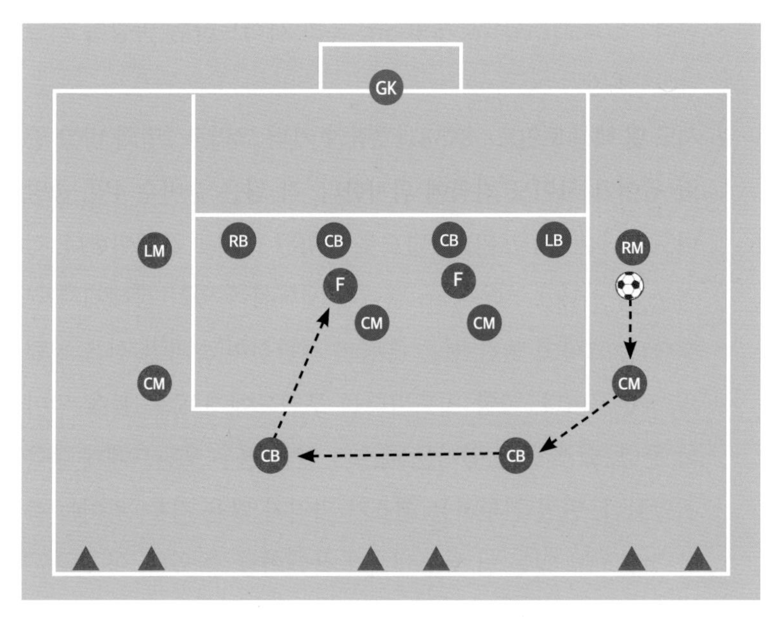

그림 2-22 8대6 골문 앞 스크린

10) 8대8+2 대치 라인

- **선수** : 20명
- **규격** : 75×50m와 두 개의 5m 폭의 사이드라인 바깥쪽 러닝 공간
- **지도 및 핵심 포인트** : 8대8과 2명의 키퍼 그리고 2명의 바깥 중립 윙어가 사이드 지역에 위치한다. 각 팀은 수비수 4명, 중앙 미드필더 2명과 포워드 2명으로 구성된 형태로 플레이한다. 경기는 각 골대로부터 20m 떨어진 제한선이 있는 상태에서 진행한다. 그림의 빨간 선은 홍팀의 제한선이고 파란 선은 청팀의 제한선이다. 중앙 미드필더는 포워드에게 오는 볼을 막아야 한다. 외부 중립 윙어는 패스가 열릴 경우 포워드에게 볼을 전달한다. 만일 침투하는 패스가 열리지 않을 경우, 윙어는 볼을 점유하고 있는 팀 누구에게나 플레이할 수 있다. 이 훈련은 센터 미드필더 선수들과 후방 라인이 함께 협동할 수 있도록 돕는다. 제한선은 수비 라인이 오프사이드라인에 있게끔 한다(오프사이드가 적용된다). 포워드는 각 라인 사이에서 다양하게 움직이며 플레이해야 한다. 중앙 미드필더는 포워드에게 전달되는 볼을 막아내기 위해 짝으로 협동할 필요가 있다(그림 2-23).

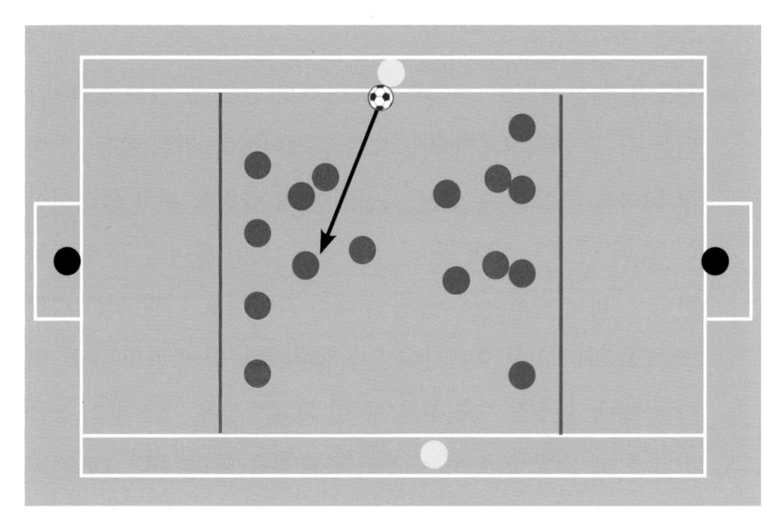

그림 2-23 8대8+2 대치 라인

11) 8대8 대치 라인

- **선수** : 18명
- **규격** : 50×60m
- **지도 및 핵심 포인트** : 8대8로 골대와 키퍼 모두 있는 상태. 각 팀은 각 두 줄씩 4개의 라인으로 플레이한다. 양팀 모두 더 이상 압박을 확장할 수 없는 지점에 대치 라인을 두고 플레이한다. 대치 라인은 상대 팀 라인 끝에서 20m 떨어진 곳에 위치한다. 그림의 빨간 선은 홍팀의 대치 라인이고, 파란 선은 청팀의 대치 라인이다. 오프사이드가 적용된다. 라인 간의 협력, 적합한 형태, 밀집도 그리고 문제 및 문제해결을 강조한다. 볼을 잃었을 때 되찾아야 하는 것의 중요성을 알려 준다. 이 전환 단계가 각 팀에게 그 중요성을 알려준다. 공격팀은 방금 볼을 잃은 팀을 빠르게 무너뜨리기를 원하고, 수비팀은 볼이 내려가는 속도를 늦추고 콤팩트한 형태로 돌아가는 전환이 필요하다. 압박, 커버 그리고 균형은 언제나 중요한 포인트이다(그림 2-24).

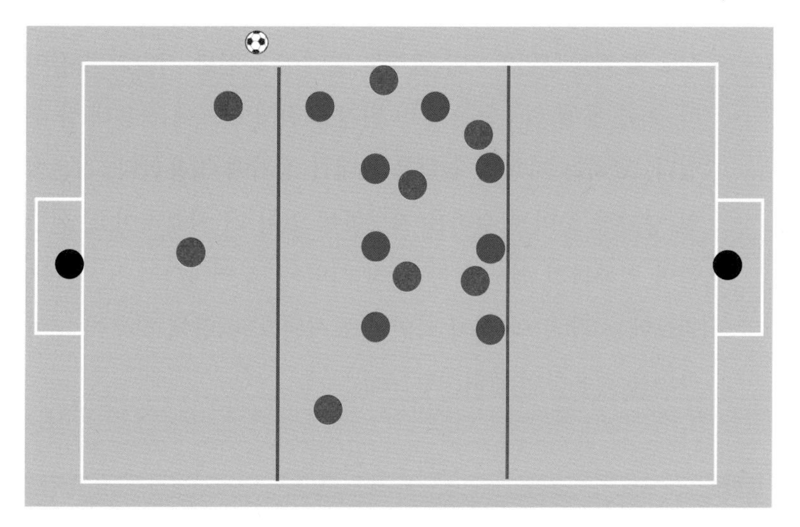

그림 2-24 8대8 대치 라인

12) 11대11 대치 라인

- **선수** : 22명
- **규격** : 전체 필드에 대치 라인을 표시하고 네 가지 존으로 구분
- **지도 및 핵심 포인트** : 이 경기는 앞에서 훈련한 기술의 정점이다. 이를 통해 선수들은 수비 원칙을 전체 필드에 적용해 볼 수 있다. 코치는 자신의 철학을 11대11 경기에 적용한다. 기본적인 경기장 준비는 수비를 지도함에 있어 더 시각적이고, 선수들이 이해하기 쉽도록 한다. 각 지역은 1부터 4까지 표시된다. 필드에는 각 팀의 대치 라인이 표시된다. 취향에 맞추어 대치 라인을 적용하면 된다(그림 2-25).

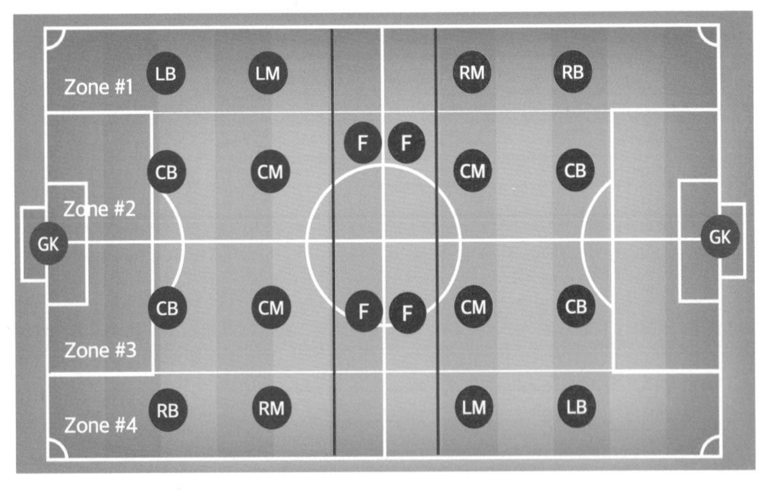

그림 2-25 11대11 대치 라인

13) 10대10 바르셀로나 수비 압박

- **선수** : 20명
- **규격** : 하프 필드
- **지도 및 핵심 포인트** : 높은 운동량과 체력이 요구되는 수비 압박 훈련이다. 경기는 필드를 가로지르는 대각선으로 플레이가 이루어진다. 볼 점유팀은 반드시 볼을 점유해야 하고 반대편 코너에 있는 타깃 선수에게 이를 전달해야 한다. 한쪽 코너에서 다른 쪽 코너로 볼이 이동할 때마다 득점한다. 수비팀의 목표는 볼 점유팀을 몰아넣고 필드를 콤팩트하게 만들어 전세를 역전시키는 것이다. 압박하는 팀은 수적으로 볼을 압박하면서 패스 옵션을 제거하는 위치에 포지셔닝하는 데에 집중한다. 더블로 마크하고 협력적인 수비 움직임이 효율적이어야 한다는 점이 중요하다. 압박은 아주 강한 정신력을 요한다. 시작할 때는 투 터치가 권고된다 (그림 2-26).

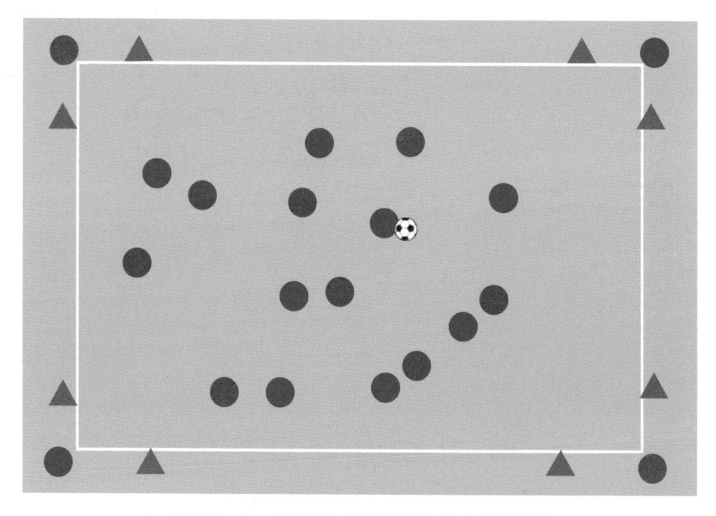

그림 2-26 10대10 바르셀로나 수비 압박

14) 골대 세 개를 활용하는 수비 압박

- **선수** : 9대 9 및 키퍼
- **규격** : 60×70m
- **지도 및 핵심 포인트** : 9대9와 키퍼까지 위치한다. 4-4-1 형태. 팀은 두 개의 작은 골대 중 하나에 드리블을 통하여 득점할 수 있다. 각 드리블을 통한 득점은 1포인트이다. 골키퍼를 지나 정규 골대에 득점하는 것은 2포인트로 한다. 홍팀은 두 개의 작은 골대를 지나 정규 골대로 득점을 하려고 할 것이다. 청팀도 마찬가지로 두 개의 작은 골대를 지나 하나의 정규 골대로 득점을 하려 할 것이다. 이 경기의 아이디어는 볼을 가지고 있는 선수의 시간을 엄격하게 제한하는 것이다. 미드필더의 운동량이 높아야 한다. 이 경기는 팀워크와 조직력, 체력 그리고 강한 정신력이 요구된다(그림 2-27).

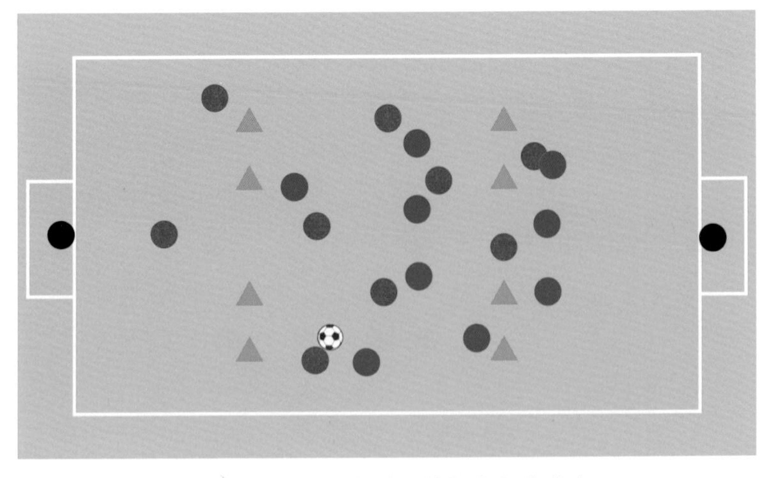

그림 2-27 골대 세 개를 활용한 수비 압박

15) 7대7 수비 압박

- **선수** : 7대7 및 키퍼
- **규격** : 50×60m 및 각 10×10m씩 네 개의 코너 존
- **지도 및 핵심 포인트** : 만일 수비팀이 볼을 점유하고 있는 팀을 압박하여 10×10m 지역으로 몰아넣는다면 볼 소유가 공격팀에서 전환된다. 볼을 빼앗은 팀은 사이드라인에서 킥으로 다시 경기를 시작한다. 골을 넣어 득점한 경우, 플레이는 골키퍼가 10×10m 코너 존 가운데 하나에 있는 선수에게 볼을 패스함으로써 시작한다(그림 2-28). 플레이가 시작되는 시점에 수비팀이 압박을 시작한다(이때가 볼을 점유하고 있는 팀이 10×10 코너 존에 볼을 가지고 있을 수 있는 유일한 시간이다).

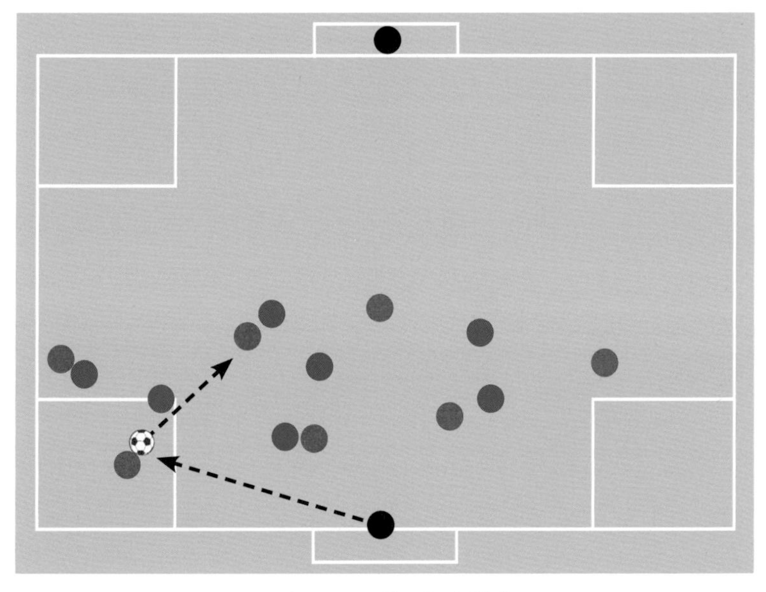

그림 2-28 7대7 수비 압박

III 3인 수비 시스템

전통적인 4인 지역 방어 시스템을 대체하는 가장 흔한 수비 시스템은 대인 방어 시스템이다. 비록 3인 수비 시스템은 상응하는 상대 팀의 공격수를 수비수가 한 명씩 맡아 방어하고 나머지 상대 선수들은 방어하지 않는 대인 방어 시스템을 기초로 하고 있으나, 축구의 대부분의 전략이 그렇듯, 3인 수비 시스템에는 대인 방어 시스템을 기반으로 한 많은 변형이 존재한다. 따라서 이 수비 조직은 상대 선수를 한 명씩 맡아 방어하는 것과는 반대로, 지역(구역)을 지정하여 수비하므로 3인 수비 시스템이라는 용어가 더 정확할 것이다.

3인 수비 시스템은 3-5-2 포메이션, 즉 3명의 수비수, 5명의 미드필더와 2명의 공격수를 둔 포메이션으로 운용된다. 이 포메이션은 가장 대표적으로 미드필더 중 한 명이 조금 앞의 라인으로 나아가면서 3-4-1-2의 형태를 보이는 등 다양한 변형이 있을 수 있으나, 3-5-2를 기반으로 한 포메이션은 유럽 축구에서 자주 보이는 포메이션이다. 더 정교한 축구 철학을 도입한 팀들은 대체로 공격형 윙백을 활용한 5-3-2 포메이션을 고수한다. 또한 볼을 소유하게 되면 더 넓은 공격 반경을 위해 포메이션이 대부분 3-5-2 형태로 변한다.

이 포메이션의 가장 큰 매력 요소 중 하나는 앞서 말한 공격형 윙백을 활용하는 것처럼, 전통적인 4-4-2 포메이션보다 선수들이 더 전방에서 활동하게 된다는 것이다. 이에 더해 5명의 미드필더를 배치해 이 구역이 경기를 성공적으로 운용하는 데 핵심이라는 것을 보여 주고, 이 구역을 지배하는 것이 매우 중요하다는 것을 보여 준다.

〈그림 3-1〉은 3인 수비 시스템을 포함한 3-5-2 포메이션의 기본 형태를 나타낸 것이다.

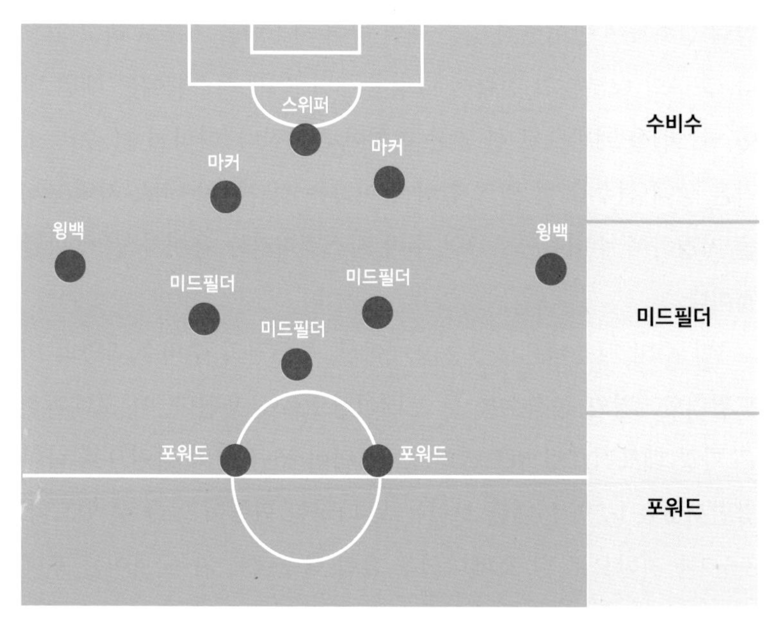

그림 3-1 3-5-2 포메이션

앞서 말한 것처럼, 3인 수비 시스템은 다양한 형태로 조직할 수 있다. 큰 틀에서 3인 수비 시스템의 주요 전술적 변형에는 지역 방어 시스템, 스위퍼를 활용한 지역 대인 방어 시스템, 스위퍼를 활용한 전통적 대인 방어 시스템이 있다. 세 가지 변형의 세부 사항 중 공통되는 사항은 이 시스템이 3명의 수비수 각자에게 역할과 책임을 명확하게 규정하고 있다는 것이다.

전통적 대인 방어 시스템과 지역 대인 방어 시스템은 3인 수비 시스템에 비해 공통점이 매우 많다. 이와 유사하게 3인 수비 시스템의 지역 방어는 다음 장에서 다루게 될 4인 수비 시스템의 지역 방어 원칙과 매우 유사하게 조직되고 운용되므로 비슷한 문제점을 갖고 있다.

1. 전통적 대인 방어 시스템

전통적 대인 방어 시스템이란 명칭에서 알 수 있듯이, 이 수비 전술은 주로 두 명의 중앙 수비 선수가 두 명의 상대 공격 선수를 방어하여 수비하는 전략을 활용한다. 각각의 수비수에게 특정 상대 공격수가 할당되는데, 수비수들은 경기 내내 자신에게 할당된 선수가 어디를 가든 따라다녀야 한다. 과장해서 말하자면, 그 선수를 너무 따라다닌 나머지 하프 타임이나 경기 종료 후에 상대 팀의 탈의실에 들어가게 될 수도 있다!

이렇듯 수비수의 역할은 그에게 할당된 상대 팀 공격수가 득점하지 않도록 하는 것으로, 수비수는 이를 통해 팀에 기여하게 되며, 다른 역할은 거의 주어지지 않는다.

주로 '스위퍼' 또는 '리베로'라는 용어로 불리는 세 번째 선수는 '리베로'라는 단어가 암시하는 것처럼, 이 시스템 안에서 역할이 규정되지 않은, 비교적 자유로운 선수이다. 이 선수에게는 일반적으로 방어해야 할 상대 공격수가 할당되지 않으며, 주로 뒤에서 커버 플레이를 담당한다. 방어를 하는 선수들과 반대로, 스위퍼는 포지션이 굉장히 자유로우므로 스위퍼의 역할은 전적으로 수비형일 필요는 없다. 스위퍼의 포지션에 관해서는 추후에 다룰 것이다. 기초 또는 전통적 대인 방어 수비 시스템에서 스위퍼의 주요 역할은 방어를 부여받은 선수들을 도와 수비의 질적 향상을 이끌어내는 것이다.

뛰어난 예측 능력과 인내심 같은 기초적인 수비적 특성과 함께, 방어를 하는 선수들(마커; marker)의 높은 수준의 체력은 전통적 대인 방어 수비 시스템이 효율적으로 기능하는 것을 보장하기 위한 중요한 특성이다. 한 선수를 90분 동안 따라다니거나, 축구 용어로 말한다면 쫓아다니는 일tracking은 체력적으로 매우 고된 일이며, 가끔씩 그 정도를 넘어설 때도 있다. 그러므로 방어를 하는 선수들은 주로 달리기에서 이러한 체력적 부담을 준비해야 한다.

이 시스템은 4인 수비 시스템의 지역 방어에 비해 인원이 부족하기 때문에 방어를 하는 수비수들이 골대와 자신이 할당받은 선수 사이에 가능한 한 계속 서 있으면서 공격수들이 볼을 가지고 수비진과 골대로 달려들 만한 시간과 공간을 주지 않는 것이 필수적이다. 윙백들은 일반적으로 전통적인 풀백에 비해 더 많이 전방에 나가 있게 되는데, 이는 상대 팀 공격수들에게는 볼을 받기 위한 충분히 넓은 공간을 확보할 수 있게 한다. 그러므로 자신에게 할당된 선수의 모든 움직임을 '추적'하며 수비하는 전통적인 대인 방어 수비 시스템에서는 체력이 굉장히 중요한 문제로 부각된다.

비록 태클과 신체적 접촉은 경기의 특성상 피할 수 없는 부분이긴 하지만, 전통적 대인 방어 수비 시스템에서 마커들은 계속해서 서 있는 자세를 유지하고 전통적인 센터하프 혹은 '스토퍼stopper'보다 위험한 태클에 훨씬 덜 노출되어야 한다.

이래야 하는 이유로는 두 가지가 있다. 첫 번째는 마커가 볼을 빼앗는 상황이나 태클을 했는데 그 경합에서 지게 되면, 대개 수비 지역이 2대2 상황으로 변하게 되어 볼을 소유한 공격수가 스위퍼를 압도하게 되는 상황이 벌어지기 때문이다. 두 번째는 주로 수비수들에게 도입하는 전통적 시작 위치 때문이다.

전통적으로 수비수들은 주로 상대 팀 선수들을 '안쪽'으로 마크하도록 배우는데, 이렇게 되어 만약 볼이 '바깥쪽'으로 패스되면 수비수들이 다시 볼을 소유하게 될 기회가 제한된다(그림 3-2). 그 결과, 마커들은 이러한 상황에서 태클을 하거나 볼을 가로챌 수 없게 된다.

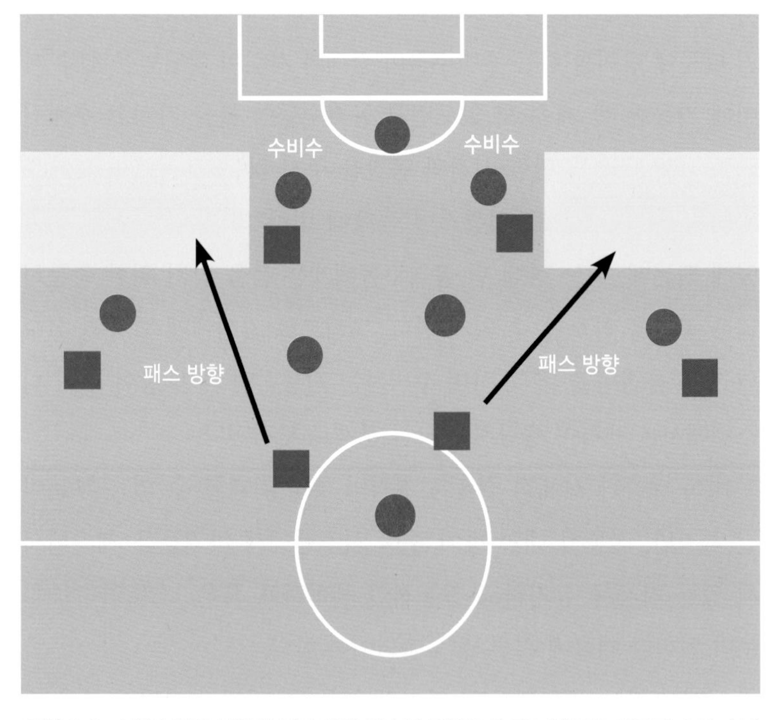

그림 3-2 수비수들은 전통적으로 상대 선수의 안쪽으로 마크하도록 배운다. 3인 수비 시스템에서는 색칠한 넓은 부분이 무방비 상태가 되어, 상대 공격수들이 볼을 받기 위해 뛰어들어갈 수 있는 공간이 생기게 된다.

특히 전통적인 4인 수비 시스템의 지역 방어를 포함한 많은 상황에서는 이와 같은 수비수들의 시작 위치는 공격수들을 중앙에서 밀어내기 위한 방법이라는 점에서 합리적이다. 그러나 두 명의 마커와 한 명의 스위퍼로 구성된 시스템에서는 반드시 합리적이라고 할 수 없다.

1) 대인 방어 전담 수비수의 시작 위치

수비수들이 안쪽 라인을 방어 위치로 잡게 되면 〈그림 3-2〉에서 보이는 것처럼 바깥쪽으로의 패스가 용이해진다. 그러므로 앞서 말한 것처럼, 상대 팀은 수비 영역의 깊은 곳까지 들어가 볼을 소유할 수 있게 되지만, 수비수들로서는 볼을 빼앗을 수 있는 기회가 제한된다. 그러나 방어 위치를 바깥쪽까지 교대로 잡을 수 있게 된다면 수비진을 뚫는 상대 팀의 깊은 패스는 어느 정도 막을 수 있다.

이렇게 방어 위치를 공격적으로 잡는 방법을 도입하게 되면 발생하는 문제점은 중간 영역을 열어 주게 되어, 마커가 상대 공격수와는 다른 위치에 가게 되어 스위퍼와 공격수의 1대1 상황을 초래할 수 있다는 것이다. 그러나 마커들이 바깥쪽 위치로 갈 때 살짝 옆으로 서거나 반쯤 회전한 자세로 위치를 잡게 된다면 이러한 상황이 필연적으로 발생하지는 않을 것이다. 따라서 만약 볼이 중간 영역에 있을 때 경기가 진행된다면 수비수들은 자신의 위치를 빠르게 조정하여 상대 공격수와 골대 사이에서 수비할 수가 있다. 또한 이러한 그들의 시작점은 〈그림 3-3〉이 보여 주는 바와 같이, 상대 팀이 바깥쪽으로 패스하는 것을 위협할 수도 있다.

중간 영역을 통한 패스는 미드필더를 중간 영역에 배치하여 막을 수 있으며, 이는 곧 수비진의 전방에서 효과적인 스위퍼 역할을 하게 한다. 이러한 조정은 중간 영역의 수비를 더욱 강화하고, 이와 더불어 바깥쪽으로 패스되는 볼도 수비진이 가로막을 수 있게 된다(그림 3-3 참조). 또한 수비수가 사이드에 위치하게 된다면 수비수가 더 빠르게 조정할 수 있게 되고, 공격수가 볼을 소유하게 되었을 때 더 전통적인 수비수의 역할을 할 수 있다.

이러한 전략이 성공적으로 시행되기 위해서는 패스에 대한 예측과 수비수들의 반응 속도가 중요하다. 이와 함께 수비수 위로 넘어가는 롱 패스를 수비 영역 안쪽 깊숙이 위치한 스위퍼가 처리할 수 있어야 한다.

2) 전통적 대인 방어 시스템의 장점

전통적 대인 방어 시스템의 가장 기본적인 강점은 수비 역할이 명확하게 구분된다는 것이다. 방어 전담 선수들 각자에게 상대 팀 공격수가 한 명씩 할당되어, 그 공격수가 어딜 가든 경기 내내 그 선수만을 방어한다. 구역 수비수들과 달리 마커들은 그 어떤 영역의 경계에도 구애받지 않는다. 따라서 마커들은 자신의 역할과 임무를 명확하게 이해한다. 이 점에서 마커들은 어느 정도 의사결정의 부담에서 자유롭다고 볼 수 있다. 각자 최우선의, 그리고 가장 중요한 역할은 자신에게 할당된 선수가 득점하지 못하도록 하는 것이며, 이것이 달성된다면 그는 전반적으로 자신의 경기 내용에 만족하게 된다.

이 시스템의 또 다른 강점은 일반적으로 더 많은 선수들이 필드 전방에서 경기에 임할 수 있게 한다는 것이다. 즉 4인 수비 시스템에 고착되지 않으면서, 팀의 중심 지렛대가 목표하는 결과를 얻기 위해 중요하게 생각하는 미드필드 영역으로 옮겨갈 수 있다.

이 시스템의 또 하나의 명확한 강점은 스위퍼가 수비 영역의 더 깊은 곳까지 처리할 수 있다는 것이다.

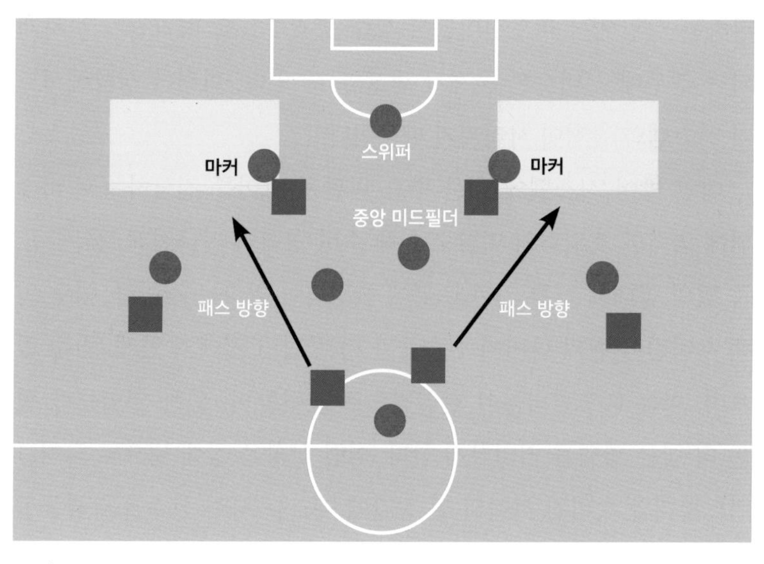

그림 3-3 수비수들이 '바깥쪽'을 방어하면서 상대 팀이 바깥쪽으로 패스하는 것을 저지한다. 이 영역으로의 패스는 수비수들이 가로채기가 훨씬 수월하다.

3) 전통적 대인 방어 시스템의 단점

전통적 대인 방어 시스템의 가장 큰 약점은 4인 수비 시스템과 비교했을 때 수비할 수 있는 영역 자체가 좁다는 것이다. 만약 어느 한 마커가 방어에 실패하거나, 또는 수비수들 중 한 명이 위치에서 벗어나게 되는 경우, 이 시스템이 원래 갖고 있던 수적인 우세가 사라지면서 그 즉시 팀의 수비가 흔들리게 되어 상대의 공격에 취약해진다는 것이다. 또 상대 공격수들이 공격을 지원하기 위해 더 전진하는 상황에서 미드필더들이 상대 공격수들을 따라잡지 못하게 되는 경우에도 비슷한 문제가 발생할 수 있다. 이러한 상황에서도 이 시스템의 강점이 사라지기 때문이다.

대인 방어 시스템에 대한 주요 비판은 방어를 전담하는 수비수 뒤에 위치한 스위퍼의 역할로 인해 수비 영역이 지나치게 '깊은' 곳, 즉 팀의 골대에 너무 가까운 곳에 한정되어 있다는 것이다. 이로 인해 수비진이 팀의 나머지 선수들과 너무 멀리 떨어져 있게 될 수 있으며, 이는 미드필더들이 현실적으로 커버할 수 있는 영역보다 훨씬 더 넓은 영역을 커버하게 한다. 이런 상황은 상대 팀으로 하여금 미드필더와 수비진 사이의 빈 공간에 패스를 하여 선수들을 관통할 수 있게 한다.

비록 스위퍼의 주요 역할 중 하나가 수비의 깊은 곳을 커버하여 상대의 긴 패스를 막는 것이긴 하지만, 이렇게 구성된 수비진이 반드시 수비 영역의 깊은 곳을 커버할 필요는 없다. 공격수가 수비 영역의 더 깊은 곳, 즉 스위퍼의 앞까지 전진하게 될 때 스위퍼는 이를 활용해 오프사이드를 유도할 수 있으며, 이는 곧 수비 라인을 미드필드 영역으로 더 가깝게 끌어와 수비 조직을 더욱 탄탄하게 할 수 있다.

그러나 이러한 전략이 효과적으로 운용되기 위해서는 수비수들이 각자 자신의 역할을 명확히 이해하고 사전에 연습을 많이 해야 한다. 결론적으로 대인 방어 시스템에서 수비진이 나머지 팀원과 떨어져 수비 영역의 깊은 곳에 있는 것으로 인한 위험 부담이 더 이상 발생하지 않도록 해야 한다.

마지막으로 전통적 대인 방어 수비 시스템에 대한 비판은 방어를 전담하는 두 선수가 모두 한쪽 사이드에 치우쳐서 위치할 때 스위퍼의 역할에 대한 것이다. 이에 대해서 스위퍼가 마커의 역할을 대신하거나 다른 한쪽 사이드로 가야 한다는 주장이 있다. 이 시스템은 주로 스위퍼가 마커의 역할을 대체하게 되면, 마커들이 몰려 있는 한쪽 윙에 크로스 패스를 올리기 위해 전진하는 상대 미드필더들과 마주하게 되는데, 이때 마커들이 어떤 한 '선수' 대신 그 윙의 구역을 수비하게 되면 그 마커의 역할이 부적절해진다는 문제점과 불확실성을 갖게 된다는 데 있다.

4) 전통적 대인 방어 시스템의 오프사이드 트랩 운용

전통적 대인 방어 시스템이 자기 위치를 벗어난 상대 팀 공격수가 오프사이드를 범하는 상황을 잡아낼 수 없다는 인식은 엄밀히 말하면 사실이 아니다. 제대로만 운용된다면, 전통적 대인 방어 시스템도 다른 시스템과 같이 효과적으로 상대 팀이 오프사이드를 범하도록 유도할 수 있다. 이러한 효과적인 운용의 핵심은 역할과 책임의 명확한 분할 및 적용에 있다.

전통적 대인 방어 시스템의 수비진에서 모든 오프사이드 콜과 판단의 권한은 수비진 가운데 가장 마지막 수비수인 스위퍼에게 있어야 한다. 그 결과, 다른 수비수와 미드필더는 상대 공격수들에게 이끌려서든 아니든 스위퍼 뒤에서 이동하지 않도록 해야 한다. 만약 상대 팀이 공격수를 스위퍼의 전방까지 밀어넣어 방어하려고 한다면, 스위퍼는 이에 대한 반응으로 오프사이드를 유도할 수 있다.

〈그림 3-4〉는 상대 팀 공격수가 스위퍼 근처까지 올라온 상황에서 스위퍼가 공격수의 오프사이드를 유도하기 위해 공격수의 근처에서 이동하는 움직임을 보여 준다. 이때 스위퍼가 공격수의 패스를 잘 예측하고, 최전방에 위치한 공격수의 뒤에 그의 팀원이 아무도 없다는 사실을 인지하고 움직인다면 오프사이드를 유도하는 전략을 효과적으로 운용할 수 있다. 이때 이 최전방 공격수를 전담하여 방어하는 수비수의 역할은 수비진 앞에서 공격수로 향하는 패스를 저지하는 것이다.

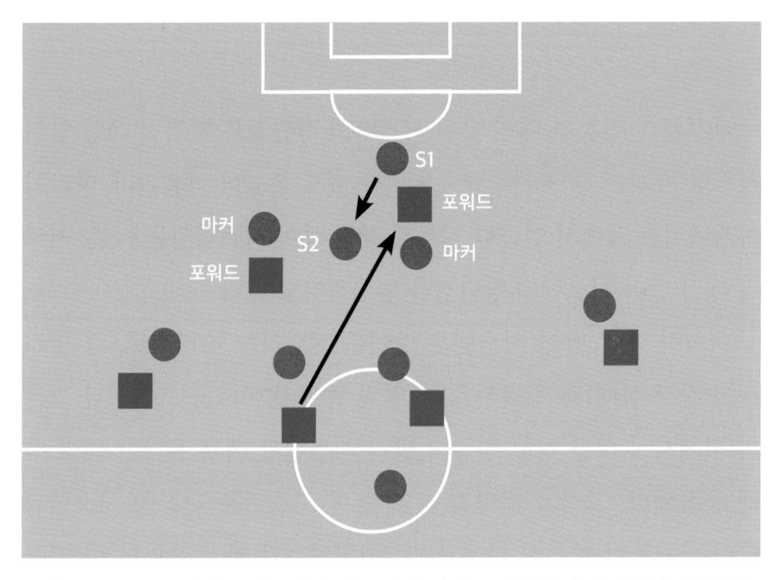

그림 3-4 볼이 최전방 공격수에게 패스 되기 직전, 스위퍼가 자기 앞까지 온 공격수 근처에서 이동한다(S1에서 S2로).

2. 지역적 대인 방어 시스템

대부분의 전통적 대인 방어 시스템의 장단점은 지역적 대인 방어 시스템The zonal man-to-man marking system에도 똑같이 적용된다. 따라서 여기에서는 앞에서 언급한 전통적 대인 방어 시스템과는 다른, 지역적 대인 방어 시스템의 장단점을 설명하기로 한다.

지역적 대인 방어 시스템은 방어를 전담하는 수비수들, 즉 마커들이 각각 상대 팀 공격수를 한 명씩 맡아 방어하고 스위퍼가 그들의 뒤에서 수비를 하는 전통적 방어 시스템과 매우 유사한 원리 아래 운용된다. 그러나 지역적 대인 방어 시스템은 전통적 시스템과 달리 마커들이 자신이 맡은 상대 팀 공격수가 가는 곳마다 다 따라다니지 않고 왼쪽과 오른쪽, 즉 양 사이드를 나눠 방어한다. 즉, 양쪽에 위치하던 공격수들이 서로 자리를 바꿀 때, 마커들은 그들을 무조건적으로 따라다니는 것이 아니라 단지 그들이 방어하는 공격수가 바뀌는 것이다(그림 3-5 참조).

이 시스템은 주로 지역적 대인 방어 시스템이라는 명칭으로 불리는데, 이때 각각의 수비수가 필드 중 단 하나의 지역을 도맡아 수비하는 것은 아니라는 점에 유의해야 한다. 즉, 공격수 두 명이 모두 한쪽 윙으로 집중된다면 두 명의 수비수가 수비를 하게 된다. 그러나 이 시스템의 일반적인 규칙으로서, 두 수비수는 서로의 위치를 교대하지는 않고 다만 수비 라인에서 자신이 맡은 지역을 명확히 지키게 된다. 즉, 왼쪽에 있는 수비수가 오른쪽으로 가거나, 오른쪽에 있는 수비수가 왼쪽으로 위치를 서로 바꾸진 않는다는 것이다.

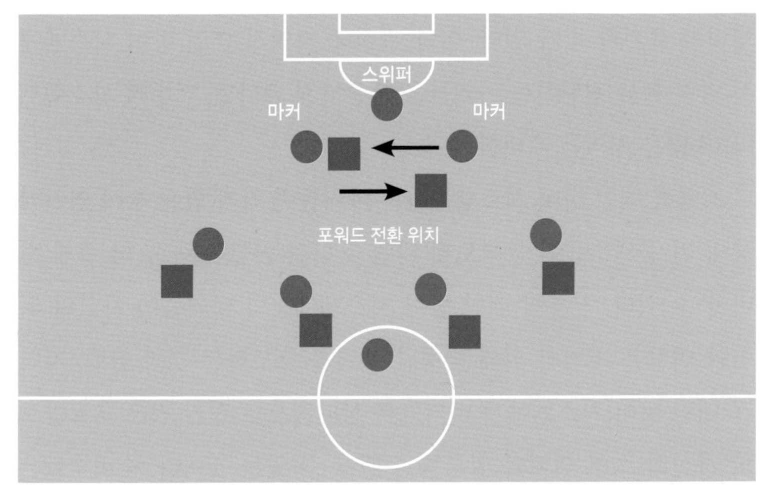

그림 3-5 공격수들이 서로 위치를 바꿔도 마커들은 자신의 영역, 즉 왼쪽과 오른쪽에 그대로 남아 있고, 단지 그들이 방어하는 대상, 즉 각 마커가 방어하는 지역에 들어온 공격수만 바뀌게 된다. 방어 위치의 경계선은 선수들이 쉽게 이해하고 도입할 수 있다.

1) 지역적 대인 방어 시스템의 장점

전통적 대인 방어 시스템과 비교할 때, 지역적 대인 방어 시스템이 더 우위에 있는 점들이 몇 가지 있다. 이 중 가장 중요한 것은, 지역적 대인 방어 시스템에서는 마커들이 반드시 공격수의 체력 조건에 필적할 필요가 없다는 것이다. 즉, 마커들은 공격수가 자신이 맡은 지역 안으로 들어올 때까지 기다려서 공격수가 뛰어오는 중간,

또는 그 끝에서 수비를 할 수 있다. 그 결과 일반적으로 전통적 시스템에 비해 지역적 대인 방어 시스템에서 수비수들이 커버하는 지역의 넓이가 더 좁아져서, 경기가 진행될수록 수비수들은 높은 수준의 체력을 유지할 수가 있다. 이와 관련해 지역적 대인 방어 시스템에서 양쪽 윙을 전담하는 마커들을 운용하게 된다면, 전통적 시스템보다 더 많은 지역을 수비할 수 있다.

지역적 대인 방어 시스템에서는 마커들이 각자 맡은 수비 영역에 상대 팀 공격수들이 들어오게 되면 오히려 바깥쪽을 좀 더 쉽게 수비할 수 있다. 전통적 대인 방어 시스템에서의 마커들이 자신의 위치와 역할을 지키기 위해 엄청난 체력을 소모하는 것과 달리, 지역적 대인 방어 시스템에서 마커들은 상대적으로 훨씬 적은 운동량으로 자신의 수비 위치와 임무를 수행할 수 있는 것이다. 수비수들은 사실상 공격수들이 자신의 수비 영역에 들어오는 순간부터 이미 자신의 올바른 수비 위치에 가 있는 셈이다. 앞서 〈그림 3-1〉과 〈그림 3-5〉가 이를 잘 보여 준다.

이렇듯 적극적인 수비 전략을 성공적으로 운용하기 위해서 수비수들은 예리한 예측과 측면 이동을 잘할 수 있는 자세 등을 갖추고 있어야 한다. 오프사이드 함정을 활용하는 전략을 운용하고자 한다면 전통적 대인 방어 시스템도 이와 비슷한 원칙을 바탕으로 운용되나, 이때는 효율적 운용을 위한 책임이 스위퍼에게 있다.

2) 지역적 대인 방어 시스템의 단점

이 시스템의 약점 중 하나는 상대 공격수들이 서로 위치를 바꿀 때 수비수들이 의사결정을 내리는 시점에 수비가 약해질 수 있다는 것이다. 이는 특히 상대 공격수들이 반복적으로 위치를 서로 바꿀 때 명백한 약점으로 드러난다. 비록 완전한 지역 수비 시스템보다는 아니지만 이렇게 공격수들이 반복적으로 위치를 바꿀 때 누가 어느 구역을 방어할 것인지 역할이 분명하게 할당되지 않으면 수비가 불안정해지는 문제점이 발생하는 것이다. 모든 지역적 방어 시스템은 여전히 위치와 역할이 변하는 시점에서 그 시스템의 약점이 가장 잘 드러난다.

3. 스위퍼의 역할

전통적 대인 방어 시스템과 지역적 대인 방어 시스템에서 스위퍼의 역할은 매우 유사하다. 스위퍼의 주요 기능은 일반적으로 방어를 전담하지 않고 팀의 가장 마지막 수비수 역할을 하는 것이다. 팀의 포메이션에서 가장 뒤에 위치한 스위퍼는 경기의 대부분이 그의 전방에서 이루어지기 때문에 경기의 흐름을 읽고 지켜보기 가장 좋은 위치에 있게 된다.

이러한 이유로 스위퍼는 주로 수비진을 조직하는 것뿐만 아니라, 필요시 팀 전체의 포메이션을 조정하고 바로잡는 역할도 수행하게 된다. 그런 점에서 스위퍼는 필드 위의 수비형 코치라고 할 수 있다. 스위퍼는 오프사이드 전술을 운용하는 데에서도 큰 역할을 한다. 이와 유사하게 스위퍼는 수비진의 뒷공간을 수비하는 역할을 홀로 수행해야 한다(그림 3-6 참조).

스위퍼는 방어를 전담하지는 않지만, 경기 중 특정 선수를 방어해야 하는 상황이 발생하기도 한다. 가장 대표적인 예가 방어를 전담하는 수비수가 방어하던 공격수를 놓쳤을 때이다. 스위퍼는 원래 마커가 그의 위치로 돌아갈 때까지 방어에서 해방된 상대 공격수를 방어한다. 그 결과 당연하게도 수비진은 수적인 우세를 잃어 수비가 약해질 수밖에 없다. 이런 상황에서 스위퍼가 자신의 기존 역할을 수행하지 못하게 되므로, 마커들의 위치를 조정해야 한다. 이때는

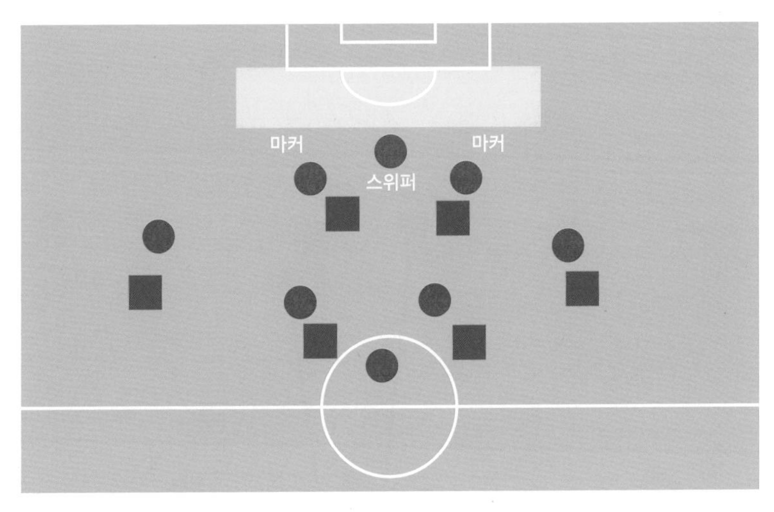

그림 3-6 스위퍼는 마커들을 지원하는 역할뿐만 아니라, 수비진 뒷공간으로 이어지는 상대 팀의 패스를 수비하는 역할도 수행한다.

마커들이 더 안쪽으로 모이게 되는데, 이렇게 위치를 조정하게 되면 마커들은 상대 공격수들이 수비진 뒤로 연결되는 날카로운 패스를 막을 수 있게 된다. 반대로 이렇게 되면 수비진의 앞 공간이 비게 되어 상대 공격수들이 수비진을 관통하는 패스를 더 적게 내주게 된다. 자신의 방어 담당 선수를 놓쳤던 마커가 자신의 위치를 회복하게 되면 스위퍼는 다시 자신의 원래 역할을 수행하게 되고, 이로써 수비진은 다시 안정을 찾게 된다(그림 3-7 참조).

스위퍼가 상대 선수와의 볼 경합에서 적극적으로 가담해야 하는 또 다른 상황은 상대 팀 미드필더가 볼이 있든 없든 수비진으로 뛰어들 때이다. 만약 상대 팀 미드필더가 볼을 소유한 채 수비 영역으로 오면, 스위퍼는 자신의 기존 역할을 버리고 그 미드필더를 방어

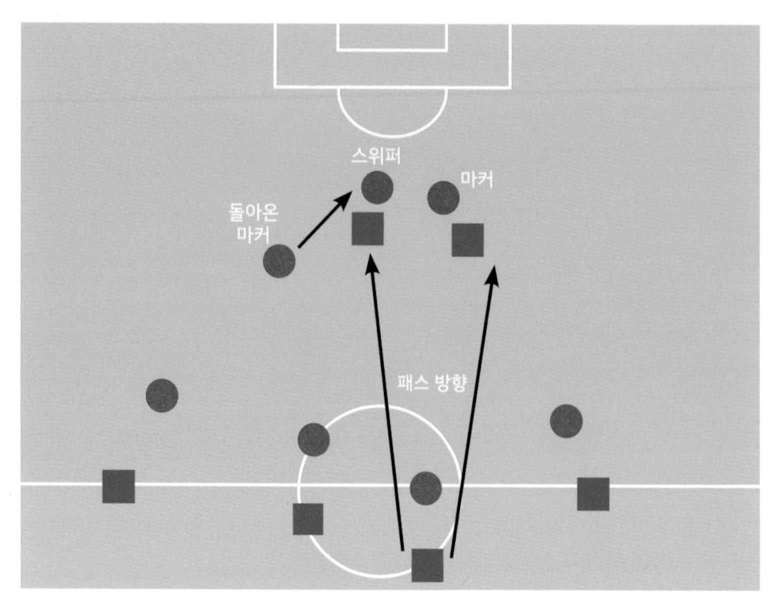

그림 3-7 스위퍼가 마커의 역할을 대체하게 되면, 수비진의 수적 우세가 사라지게 된다. 스위퍼와 마커 한 명은 나머지 마커가 자신의 위치로 되돌아올 때까지 안쪽에서 수비를 해야 한다.

해야 한다. 그러면 마커들은 자신에게 할당된 기존의 역할에 집중할 수 있게 되고, 수비진의 역할과 책임도 명확하게 구분된다. 만약 상대 미드필더가 볼을 소유하지 않고 수비 영역으로 들어온다면, 그가 공격수보다 앞서 수비 영역에 들어오게 되므로 스위퍼는 그를 따라다니긴 하지만 상대 미드필더를 완전히 방어할 필요가 있다고 판단하기 전까지는 자신의 기존 역할도 수행한다. 그는 이제 상대 미드필더가 오프사이드를 범하도록 상대 미드필더 앞으로 뛰어갈 수 있는 위치에 있게 된다. 볼 없이 방황하는 상대 팀을 오프사이드 함정으로 이끌기 위해서는 완벽한 타이밍이 필요하다.

1) 두 명의 전담 수비수가 모두 한쪽에 있을 때 스위퍼의 위치

방어 전담 수비수들이 모두 그들에게 할당된 상대 공격수들을 따라 필드 한쪽에 위치하게 되는 경우, 스위퍼의 위치에 대해 좀 더 깊이 살펴보자. 이러한 상황에서 마커들을 지원하게 되는 경우, 〈그림 3-8〉과 같이 반대편에 넓은 영역이 열리게 되어 상대 팀 미드필더들이 수비 영역의 깊은 곳까지 들어올 수 있다.

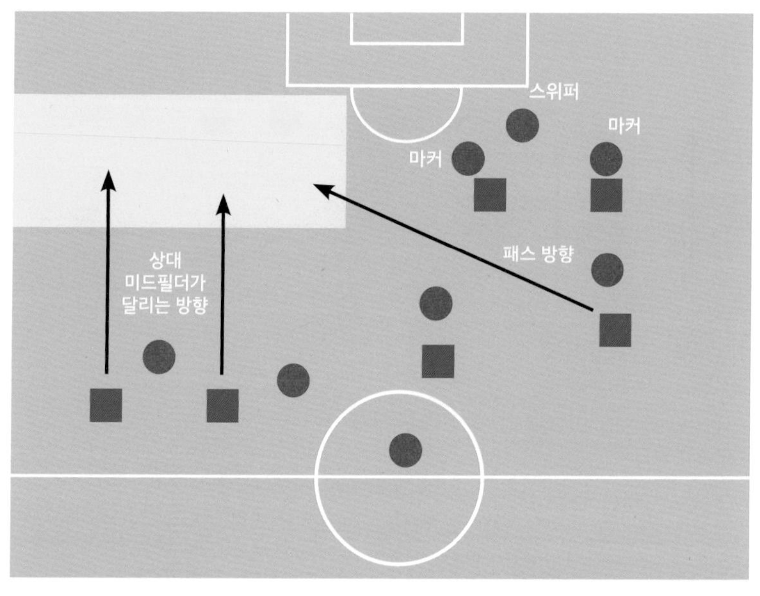

그림 3-8 만약 스위퍼가 상대 선수들을 방어하는 역할만 수행하여 한쪽 윙에만 머무른다면, 반대쪽에 상대적으로 넓은 영역이 달려드는 상대 미드필더들에게 완전히 열리게 된다.

스위퍼의 역할은 선수뿐 아니라 공간을 수비하는 것도 포함되어 있다는 것을 염두에 둔다면, 이러한 상황에서 스위퍼의 위치는 마커들과 멀어져야 한다. 〈그림 3-9〉에서 볼 수 있듯이, 스위퍼는 마커들을 어느 정도 지원할 수 있으나, 반대쪽 윙의 공간도 수비할 수 있을 만큼의 거리를 유지할 수 있는 위치에 있어야 한다. 그러면 상대 팀 미드필더가 열려 있는 한쪽 윙의 공간으로 들어온다 해도 스위퍼가 충분히 수비할 수 있다.

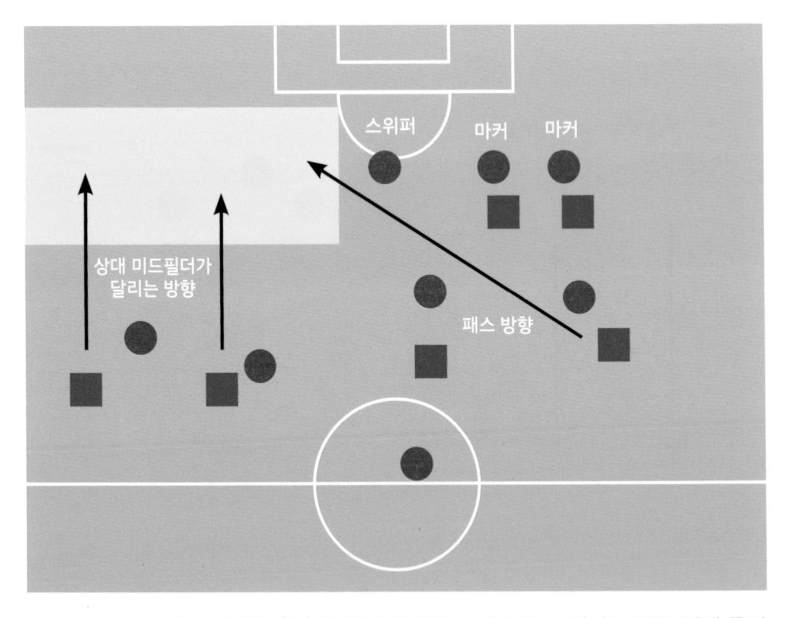

그림 3-9 스위퍼의 위치를 위에서 말한 것처럼 조정하면, 스위퍼는 한쪽 윙에 몰린 마커들과 다른 쪽 윙의 열린 공간을 모두 수비할 수 있다. 이러한 전략을 펼치기 위해서 마커들의 위치 또한 원래보다 더 안쪽으로 조정한다.

스위퍼가 이러한 전략을 도입하여 운용하게 되면, 그 영향으로 나머지 마커들의 위치도 조정된다. 이러한 전략의 운용으로 원래 스위퍼의 역할이 어느 정도 변했으므로, 마커들은 수비진의 뒷공간을 수비하기 위해 원래보다 좀 더 안쪽으로 이동하게 된다.

2) 수비진 전방에서의 스위핑

대부분의 경우 스위퍼에게는 수비진 뒤에서 수비하는 역할이 부여되지만, 반드시 모든 경우에 그렇지는 않다. 스위퍼에게는 방어 역할이 없기 때문에, 공격을 개시하기 위해 볼을 필드 전방으로 끌고 갈 자유가 주어진다. 이는 상대 미드필더들이 수비 영역으로 들어오지 않고 필드 중간 영역에서 미드필더끼리 경합하는 상황에 있으므로, 스위퍼가 상대 미드필더들을 수비할 필요가 없기 때문이다.

스위퍼는 경기 중 대부분의 시간을 미드필더 영역에 있게 되어 수비진의 전방에서 스위핑을 할 수도 있다. 이는 주로 경기를 이기기 위해서 반드시 통제해야 하는 미드필드 영역을 더욱 강화하기 위한 목적에서 운용할 수 있는 전략이다. 또한 이러한 스위퍼의 움직임은 상대 팀 공격수들의 패스를 막거나 가로채, 상대 팀의 기초적인 전략을 방해하기 위해서도 운용될 수 있다. 스위퍼가 이러한 위치에서 역할을 수행하면서 자신의 원래 위치에서 벗어나는 경우, 나머지 두 수비수는 반드시 조금 더 보수적인 위치인 안쪽에서 수비를 하여 수비진의 뒷공간을 보호해야 한다(그림 3-10 참조).

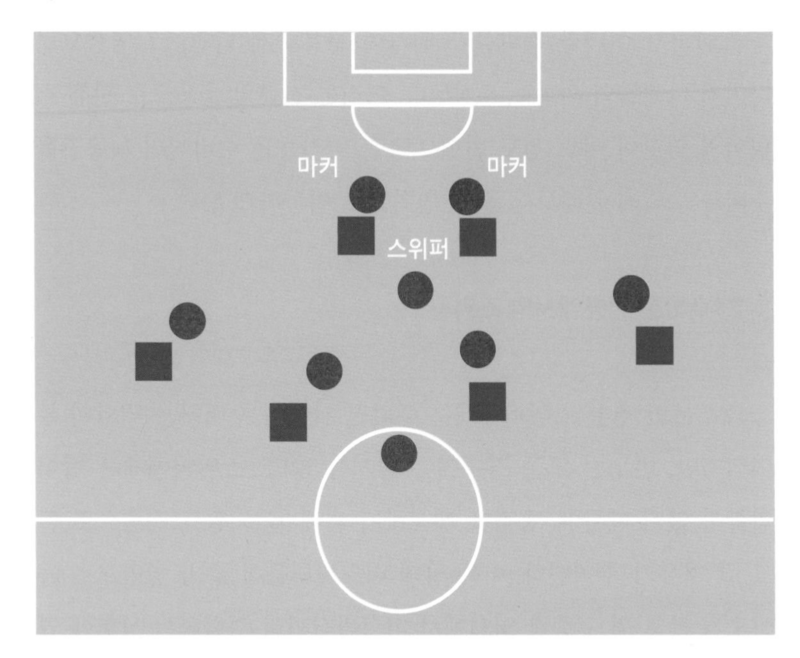

그림 3-10 스위퍼가 수비의 전방에서 자신의 역할을 수행하는 경우, 마커들은 자신들의 위치를 더 보수적인 전략의 안쪽 위치로 조정해야 한다.

4. 3인 지역 방어 시스템

3인 지역 방어 시스템은 4인 수비 시스템과 유사한 원칙에 따라 운용되며, 그 결과 공통의 장단점이 존재한다. 대인 방어 수비 시스템의 변형과 달리, 이 시스템에서는 모든 수비수에게 방어 역할을 부여하고, 상대 선수들이 각자의 영역에 들어설 때 그 선수를 방어하고 수비하는 역할을 부여한다. 수비진을 구성하는 수비수들은 일반적으로 서로의 위치를 바꾸지 않는데, 그 결과 세 명이 각각 왼쪽, 중간, 오른쪽 영역을 도맡아 수비하게 된다. 만약 공격수가 수비진을 가로지르는 횡적 움직임을 보일 때, 그 공격수에 대한 수비는 단순히 그가 들어가 있는 영역을 담당하는 수비수가 맡게 된다.

1) 2인 지역 방어 시스템의 오프사이드 트랩

지역 방어는 경기 중 운용할 때 두 가지 방법으로 할 수 있다. 첫 번째는 오프사이드를 유도하는 역할을 수비 라인의 횡적 움직임을 주도하는 양쪽 윙 수비수들에게 부여하는 것이다. 즉, 만약 오른쪽 윙으로 상대 공격수가 달려드는 경우, 왼쪽 윙에 있는 수비수가 수비 라인을 유지할 것인지 아니면 공격수의 오프사이드를 유도하기 위해 수비 라인을 전방으로 이동시킬 것인지에 대한 판단을 내린 후 동료 수비수들에게 알려야 한다. 사전에 윙백을 포함한 다른 미드필더들이 그의 뒤로 이동하지 않도록 했기에 그가 마지막 수비수가 되는데, 이 때문에 그는 자신 있게 결정을 내리고 팀원들에게 그 결정을 전달할 수 있다. 4인 시스템에서도 이러한 전략을 유사하게 운용할 수 있으며, 이때는 풀백이 이러한 역할을 부여받게 된다.

이러한 전략을 운용하게 되는 경우, 수비 라인은 일반적으로 직선 형태로 만들어져 중간에 있는 수비수를 중심으로 회전하는 구도를 형성하게 된다. 즉, 어느 한쪽 윙에 공격수가 진입하게 되는 경우, 수비 라인은 중심에 있는 수비수가 공격수가 진입한 윙의 수비를 지원하고, 다른 윙에 있는 수비수가 중심을 지원하는 사선 형태로 형성된다(그림 3-11 참조).

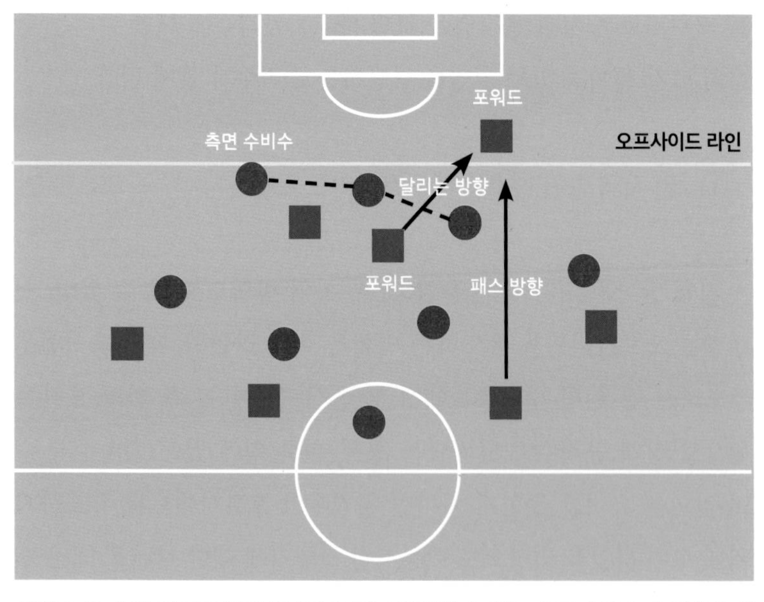

그림 3-11 수비 영역의 횡적 움직임을 모두 관찰할 수 있는 측면 수비수에 의해 상대 공격수가 오프사이드를 범하게 된다. 이때 수비진은 직선 형태로 조직된다.

이런 방식으로 수비 전략을 조직할 때의 주된 비판은 두 측면 수비수 간의 거리와 사이드에 위치한 수비수들이 이렇게 중요한 전략을 수행할 수 있는 능력을 갖고 있는가에 관한 것이다. 즉, 그들이 비록 수비 라인을 명확하게 볼 수는 있지만 양끝에 위치해 있기 때문에 수비수들 간의 거리가 멀거나 쇄도하는 공격수의 수가 많은 경우에는 특히 오프사이드를 유도하기 위한 전략의 결정을 내리기 쉽지 않기 때문이다.

3인 수비 시스템에서 오프사이드를 유도하기 위한 두 번째 방법은 앞에서 언급한 전술 시행 여부의 결정을 중심에 위치한 수비수에게 맡기는 것이다. 즉, 상대 공격수의 오프사이드를 유도하기 위해 수비 라인을 유지할 것인지, 전방으로 앞당길 것인지에 대한 결정권을 오로지 중간 영역을 맡은 수비수에게 주는 것이다. 앞서 수비 라인이 직선 형태에서 회전하는 구도를 형성한 것과 달리, 중심에 있는 수비수가 결정권을 갖게 되는 경우 수비 라인은 역V자 형태로 형성된다(그림 3-12 참조).

이 방법으로 오프사이드를 유도하는 전략을 세우는 것의 주요 이점은 이 전략을 수행할 때 결정권을 쥐고 있는 선수가 전략이 수행되는 지점, 즉 공격수가 위치한 곳과 근접해 있다는 것이다.

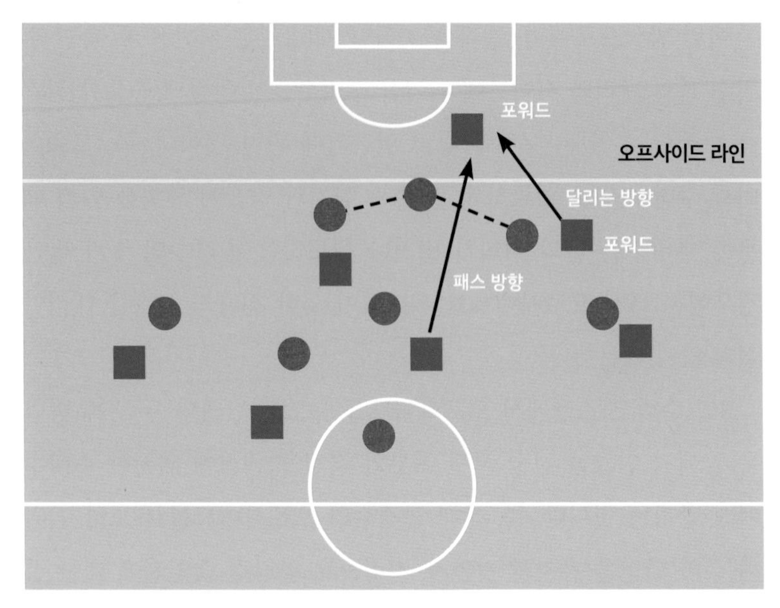

그림 3-12 수비 라인의 중심에 있는 수비수의 결정으로 오프사이드를 유도하여 상대 팀 공격수가 오프사이드를 범하게 되었다. 이때 수비진은 역V자 형태로 조직된다.

현실적인 관점에서 보면 결정권을 쥔 선수는 주로 팀에서 가장 뛰어나고 경험이 풍부한 선수로, 복잡하고 어려운 전략을 수행하고 판단을 내리는 데 능숙한 선수이다. 이 전략이 성공적으로 시행되기 위해서는 나머지 선수들이 결정권을 쥔 선수의 판단을 따라 자신의 역할과 위치를 지키고 결정권을 쥔 선수의 동의 없이 그의 후방에 위치하지 않는 것이다.

역V자 형태로 수비 라인을 형성하면서 중심에 위치한 수비수는 수비 영역의 중간을 맡아 수비하면서도 앞서 언급한 두 시스템에서의 스위퍼가 한 역할도 어느 정도 수행하게 된다. 그 선수가 수비 조직에서 가장 후방에 위치한 선수가 되면서, 상대 팀 공격수가 그에게 근접하여 그가 방어에 더욱 전념하도록 유도한다면, 그는 상황에 따라 공격수보다 앞으로 움직여 오프사이드를 유도할 수도 있다. 이러한 움직임은 그 선수가 수비의 최후방에 위치한다는 가정 아래 시행할 수 있다.

2) 3인 지역 방어 시스템의 장점

이 시스템이 갖는 가장 큰 강점은 대인 방어 시스템과 비교했을 때 더 넓은 영역을 수비할 수 있다는 것이다. 공격수가 다른 수비 영역에 들어가게 되면 방어의 역할이 그 수비 영역을 맡은 수비수에게로 넘어가게 된다. 그 결과 이때의 수비 조직 형태가 훨씬 더 지속적이고 유지하기 쉬워져 상대 공격수를 방어하고 수비 공간을 수비하는 일을 동시에 수행할 수 있다.

또 다른 강점은 수비 라인을 유지할 수 있다는 것이며, 이때 상대 공격수의 오프사이드를 더욱 쉽게 유도할 수 있다. 그러나 상대의 오프사이드를 유도하는 전략은 사전에 충분히 훈련되고 선수들이 자신의 역할을 명확히 알고 수행할 수 있다면 어떤 수비 시스템에서든 효과적으로 운용될 수 있다.

3) 3인 지역 방어 시스템의 단점

이 시스템의 약점은 주로 수비 조직 내에서 방어의 역할과 할당이 불명확하다는 것과 관련이 있다. 모든 지역 수비가 그러하듯, 공격수가 다른 영역에 들어가면서 방어의 역할이 이동하게 될 때 수비 시스템이 가장 취약해진다. 공격수가 한 영역에서 다른 영역으로 이동할 때 누가 그 공격수를 방어해야 하는지에 대한 불확실성은 수비수들을 주저하게 만들고, 이는 상대 팀이 골을 넣을 수 있는 기회로 이어지게 된다. 이와 유사하게 수비수들에게 특정한 공격수를 방어하라고 지시하지 않게 되면서 상대 선수들이 수비수 사이의 공간을 노릴 때 수비수들은 그저 볼만 바라보고 있는 상황이 연출될 수도 있다. 이렇게 되면 수비수가 그의 공격수를 잃어버리고 자신의 위치에서 벗어나게 되어 수비 조직이 위험해진다.

이 시스템의 강점이 수비 라인을 유지할 수 있다는 것이라고 되어 있으나, 이는 오히려 수비의 깊은 영역에까지는 영향을 미치지 못하게 되어 약점으로 비춰질 수도 있다. 이러한 문제는 수비 라인을 수비 라인의 중간에 위치한 선수가 나머지 두 선수를 지원할 수 있는 역V자 형태로 조직함으로써 어느 정도 완화할 수 있다.

그러나 방어 역할을 부여받지 않고 자유롭게 누비는 스위퍼를 운용하는 시스템과 비교할 때, 이 시스템은 수비 영역의 구분이 비교적 명확하지 않다는 문제가 있다.

IV 4인 수비 시스템

4인 수비 시스템이라는 개념이 처음 등장했을 때에는 대부분 두 명의 센터백과 양 측면의 풀백이 각자의 영역에서 수비를 하는 시스템이라고 여겼다. 하지만 4인 수비 시스템이 반드시 이러한 형태를 이룰 필요는 없다. 비록 극히 소수의 경우이긴 하나, 세 명의 수비수가 중앙을 수비하고 그 뒤의 스위퍼로 구성된 형태와 같이 변형될 수도 있다.

4인 수비 시스템, 또는 'flat back four(플랫 백 포)'는 최근까지 영국 축구팀에서 4-4-2 포메이션 형태로 가장 일반적으로 운용되었다. 최근 들어 다른 수비 시스템이 많이 등장하고 운용되긴 하지만, 여전히 4인 수비 시스템은 전 세계적으로 수많은 축구팀에서 운용하고 있는 시스템이다. 앞서 이야기한 바와 같이, 4인 수비 시스템은 미리 나눈 구역에 따라 두 명의 센터백과 두 명의 풀백, 즉 네 명의 수비수로 구성된 수비 시스템이다(그림 4-1 참조).

4인 수비 시스템의 구조는 각자의 구역을 맡아 수비하고 운용한다는 개념을 바탕으로 만들어진 것이다. 즉, 상대 공격수가 빈 공간을 노리며 수비 라인의 측면으로 움직일 때 각각의 수비수는 공격수가 자신의 수비 영역 내로 들어올 때 수비할 의무가 생긴다. 이 시스템은 2인 중앙 수비수 활용twin center-half swivel 시스템, 4인 회전 수비four man swivel defense 시스템과 스위퍼-스토퍼 시스템을 포함해 여러 방법으로 조직하여 운용할 수 있다.

그림 4-1 표준적인 4인 수비 시스템의 4-4-2 포메이션은 두 명의 중앙 수비수와 양 측면의 풀백으로 이루어지며, 네 명의 선수 모두 각각의 수비 영역이 나뉘어 정해진다.

1. 2인 중앙 수비수 활용 시스템

이 시스템은 중앙 수비수 두 명이 상황에 따라 서로의 역할을 보완하는 것을 기본 원칙으로 한다. 예를 들어, 두 선수 모두 볼이 놓인 영역에 따라 볼을 '공격'하는 역할이 주어지는데, 이에 따라 두 선수는 자신의 영역이 아닌 동료의 영역을 수비할 의무가 생긴다. 즉, 이 두 선수는 그들 사이에 있는 공간을 축으로 하여 서로 회전하게 된다. 두 선수의 위치는 주로 한 명은 중앙의 오른쪽, 또 다른 한 명은 왼쪽으로 영역을 나누어 수비 구역을 구분한다.

회전하다는 의미의 'swivel'이라는 용어는 두 명의 중앙 수비수 중 한 명이 볼을 '공격'하는 상황에 대한 다른 한 명의 반응에서 비롯된 것이다. 이 상황에서 볼을 공격하지 않는 다른 한 명의 중앙 수비수는 자신의 동료를 지원하고 수비 영역을 커버하게 된다. 반대로 이 선수가 상대 공격수에 맞서 수비를 하는 상황에서는 다른 선수가 그 역할을 대신하게 된다(그림 4-2 참조).

수비 전술은 수비진이 각각의 역할을 명확히 이해한 상황에서 하나의 그룹으로 함께 움직일 때 효과적이다. 위와 같은 상황에서는 풀백의 역할 또한 변화가 있어야 한다. 많은 팀이 중앙 공격수를 두 명 배치하는 포메이션을 활용하는 만큼, 중앙 수비수들은 경기의 대부분을 상대 공격수를 방어하고 수비하는 역할을 맡게 된다. 그러나 앞서 말한 상황에서 중앙 수비수 한 명이 공격수와 대면하고

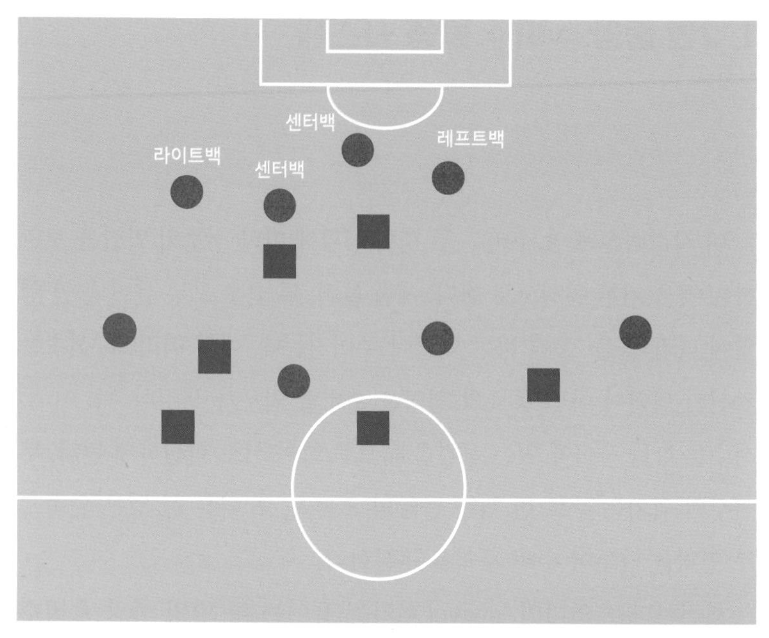

그림 4-2 중앙 수비수 중 한 명이 볼을 '공격'할 때, 다른 한 명에게는 그를 지원하고 수비 영역을 커버하는 역할이 부여된다. 이때 양 측면에 있던 풀백들은 중앙 수비수들 가까이 위치한다.

다른 중앙 수비수가 그를 지원하게 되면, 동료를 지원하기 위해 자신의 영역에서 살짝 벗어나게 되어 이 영역의 수비가 취약해질 수 있다. 그 결과, 양 측면에 있던 풀백들이 중앙 수비수 쪽으로 접근해 방어가 되지 않은 상대 공격수를 방어함에 따라 취약해질 수 있는 수비 영역을 보완하고 지원하게 된다. 또한 중앙 수비수가 상대 공격수와의 경합에서 진 경우에는 풀백들이 수비 영역의 더 깊은 곳까지 커버할 수 있는 위치에서 수비하게 된다.

이를 조금 변형한 시스템에서는 두 명의 중앙 수비수 모두 상대 스트라이커 두 명을 도맡아 집중적으로 방어하는 역할을 부여받게 된다. 그래서 이 전략에서는 풀백들이 수비 영역을 지원하고 보완하는 역할을 맡는다. 그 결과 두 풀백은 중앙 수비수보다 더 깊은 곳까지 수비를 하게 된다. 이 전략이 효과적으로 운용되기 위해서는 풀백들이 자신의 수비 위치를 정확히 이해하고 있어야 한다.

2. 4인 회전 수비 시스템

2인 중앙 수비수 활용 시스템의 변형 중 하나가 바로 4인 회전 수비 시스템으로, 이 시스템은 네 명의 수비수 모두 서로를 지원하고 보완하는 동시에 상대 선수들을 집중적으로 방어할 수 있게 한다. 〈그림 4-3〉에서 보여 주는 것처럼, 이 시스템에서는 수비수들이 서로의 영역과 역할을 동시에 보완할 수 있다.

상대 팀의 공격이 넓은 영역에서 전개될 때는 주로 풀백이 가장 먼저 상대 팀의 공격을 수비하게 되며, 이때 그 풀백과 가장 가까운 중앙 수비수가 그를 지원하게 된다. 이에 따라 다른 센터백은 풀백을 지원하는 동료 센터백을 지원하게 되고, 남은 풀백은 다시 이 센터백을 지원하고 수비 영역을 보완하는 위치로 이동하게 되어 결과적으로 네 명이 대각선을 이루게 된다. 볼을 소유한 상대 팀이 공격 방향을 바꿔 반대쪽 사이드로 볼을 패스하면, 수비 라인은 그에 따라 반대쪽을 향해 대각선을 형성하게 된다. 즉, 두 센터백 사이를 축으로 수비 라인이 회전하게 된다.

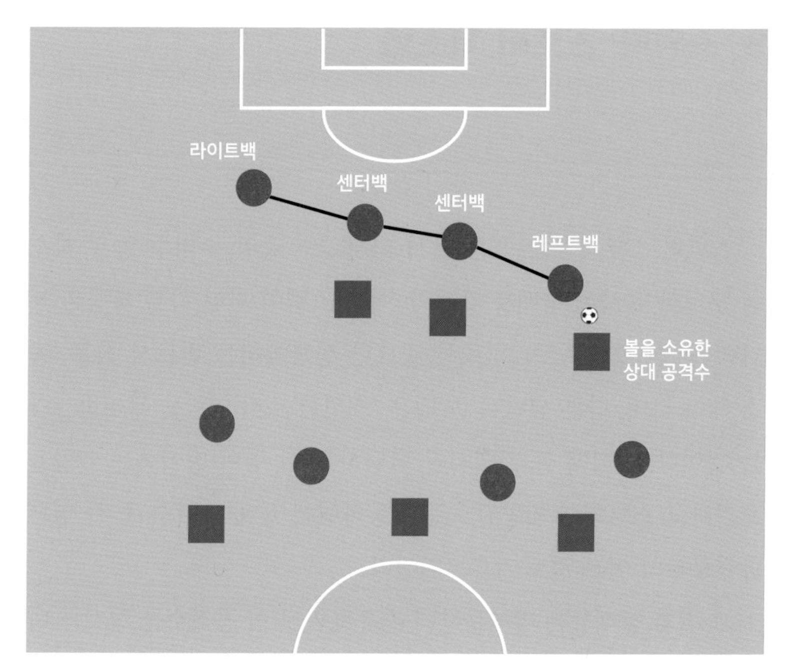

그림 4-3 볼을 소유한 상대 공격수가 왼쪽 윙으로 쇄도할 때 왼쪽 풀백이 그를 방어하여 수비하게 되며, 이때 나머지 수비수들은 왼쪽 풀백의 수비 영역을 보완하는 동시에 그를 지원한다. 3인 수비 시스템에서 수비수들이 대각선을 형성하여 수비하는 것과 같은 원리이다.

3. 스위퍼-스토퍼 시스템

스위퍼-스토퍼 시스템은 앞서 다룬 2인 중앙 수비수 활용 시스템 구조와 유사한 형태를 갖는다. 이 시스템이 가진 다른 특징은 센터백 중 한 명은 '스토퍼'로서 필요한 상황에서는 반드시 볼을 '공격'해야 하며, 다른 센터백 한 명은 '스위퍼'로서 역할을 부여받는다는 것이다. 센터백 중 스위퍼를 담당하는 한 명이 방어하는 역할을 포기하고 스토퍼의 뒷공간으로 이동하면서 상대 공격수 중 한 명은 방어로부터 어느 정도 자유로워진다.

그 결과 풀백들은 방어로부터 자유로워진 이 공격수를 언제든 다시 방어할 수 있도록 중앙으로 가깝게 이동하여 수비해야 한다. 필드의 중앙, 즉 미드필드 영역을 강화하기 위해 수비에 가담하지 않는 풀백은 수비 라인의 전방으로 나아가 미드필드 영역에서 공격수를 지원해야 한다.

이 시스템의 주요 이점 중 하나는 스위퍼가 언제나 수비 최후방에 위치하여 수비 중앙에서 선수들 간의 역할과 책임이 명확해진다는 사실이다. 이에 따라 만약 상대 팀이 공격수를 세 명 운용하게 된다면 두 풀백 모두 수비와 방어에 가담하게 되며, 이때 다시 스위퍼에게는 수비진의 뒷공간에서 수비를 지원하고 보완하는 역할이 부여된다(그림 4-4 참조).

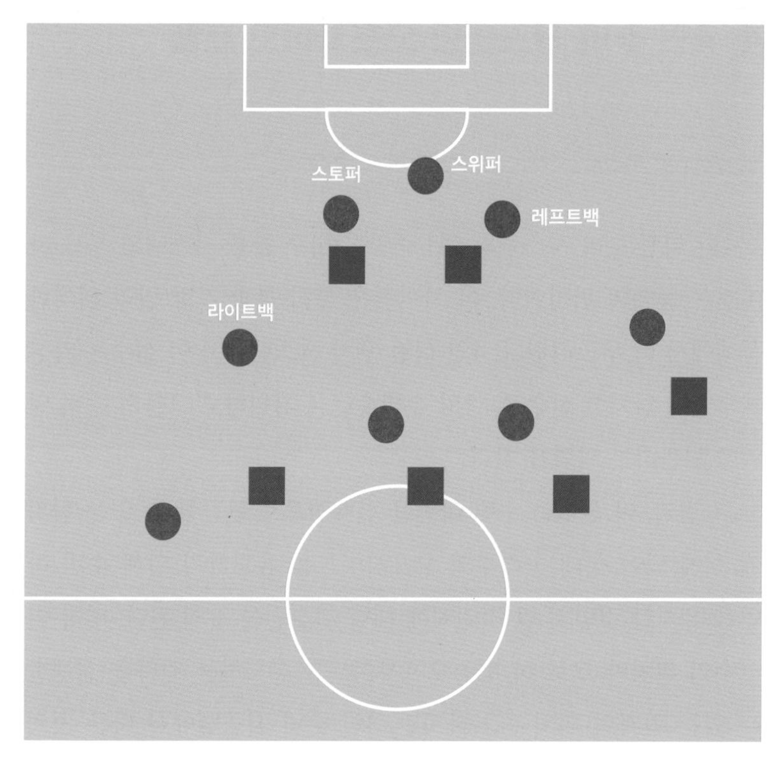

그림 4-4 풀백 중 한 명(여기에서는 왼쪽 풀백)이 스위퍼가 수비 영역 뒤쪽을 커버하기 위해 뒤로 빠지게 되면서 방어가 되지 않은 상대 공격수를 방어하고 수비하기 위해 중앙 수비수들 쪽으로 가까이 근접하게 된다. 이때 반대쪽 풀백은 미드필드를 지원하기 위해 수비 라인보다 앞으로 이동하게 된다.

4. 4인 수비 시스템의 오프사이드 트랩

4인 회전 수비 시스템과 2인 중앙 수비수 활용 시스템의 주요 차이점은 풀백의 위치이다. 이 차이점은 특히 볼과 가장 멀리 위치한 풀백에서 더 두드러진다. 4인 회전 수비 시스템에서 이 선수는 가장 최후방에 위치한 선수로, 중앙 수비수들을 지원하고 그들의 수비 영역을 보완하는 역할을 한다.

그 결과, 이 선수는 수비 라인을 전체적으로 관찰할 수 있는 위치에 서게 되어 상대 공격수의 오프사이드를 유도하기 위해 수비 라인을 유지할 것인지 말 것인지에 대한 결정권을 갖게 된다. 비록 이 선수의 위치가 그로 하여금 오프사이드를 유도하는 전략을 실행할 수 있는 최적의 위치이긴 하지만, 3인 수비 시스템에서 다룬 것처럼, 볼이 필드 반대쪽에 있는 경우와 같이 오프사이드 유도 전략의 결정권을 쥔 선수와 오프사이드가 선언되는 곳, 볼이 위치한 곳의 거리가 문제되는 경우가 있다. 즉, 그 선수가 필드 중앙에 위치하지 않으므로 그가 결정을 내리고 전략을 시행하자고 동료 선수들에게 전달하는 내용이 반대쪽에 위치한 풀백에게까지 이르지 못할 수 있다는 것이다. 이로 인해 전략이 제대로 운용되지 않고 팀에 위험한 결과를 초래할 수 있다.

반대로 2인 중앙 수비수 활용 시스템과 스위퍼-스토퍼 시스템에서는 각각 동료 센터백을 지원하는 센터백과 스위퍼가 수비의 최후방에 위치하고 오프사이드를 선언하는 역할을 부여받는다. 4인 회전 수비 시스템의 포메이션에서의 풀백과 달리, 이 두 시스템에서 오프사이드 유도 전략의 결정권을 쥔 선수는 양 측면의 풀백들이 자신의 뒤로 이동하지 않도록 양옆을 지속적으로 점검해야 한다. 이 선수가 위치한 수비 영역의 중앙은 오프사이드 유도 전략을 운용하기 위한 상황에서 동료 선수들에게 지시를 내리는 데 최적의 위치가 된다. 다른 선수들이 그보다 후방에 위치하지 않도록 사전에 명확히 명시하고 이것이 지켜진다면, 스위퍼는 더욱 자신 있고 명확하게 상대 팀의 오프사이드를 유도하는 전략을 지시하고 수행할 수 있으며, 필요하다면 상대 공격수와 경합도 할 수 있다.

4인 수비 시스템에서 오프사이드 트랩을 효과적으로 운용하기 위해서는 볼을 소유한 상대 팀과 가장 근접한 곳에 위치한 수비수가 얼마나 강하게 압박하느냐가 핵심이다. 이때는 대부분 수비에도 가담하는 공격수를 함께 운용하게 된다. 네 명의 수비진이 수비 라인을 유지하기 위해서는 볼에 대한 압박과 직접적으로 관련이 있다. 이에 더해, 수비 라인의 최전방에 있는 수비수가 볼을 소유한 공격수를 압박할 때에는 그 뒤에 위치한 수비수가 동료 수비수의 수비 영역을 보완하고 그를 지원하게 된다.

이때 양쪽 윙에 있는 수비수들도 중앙 쪽 수비를 지원하기 위해 중앙으로 이동할 수는 있으나, 이 상황에서는 두 번째 수비수가 상대 공격수를 압박하는 수비수를 보완하고 지원하는 과정에서 혼자 더 넓은 영역을 수비해야 한다. 양쪽 풀백이 중앙 쪽으로 이동하면서 결과적으로 수비 라인이 커버하는 영역의 길이는 줄어들었으나, 만약 앞서 말한 두 번째 수비수가 자신의 역할을 수행하는 동시에 동료 센터백의 수비 영역을 보완하고 그를 지원할 수 있는 신체적 역량과 이때 자신의 역할을 명확하게 인식한다면 수비진의 결속력은 계속해서 유지될 수 있다. 이 전략이 운용될 때, 수비수들은 상대 공격수의 오프사이드를 유도하기 위해 수비 라인을 전방으로 이동시킬 수 있다(그림 4-5). 이 전략을 운용할지 여부를 정하는 결정권이 누구에게 있느냐는 경기에 적용된 시스템이 무엇이냐에 달려 있다.

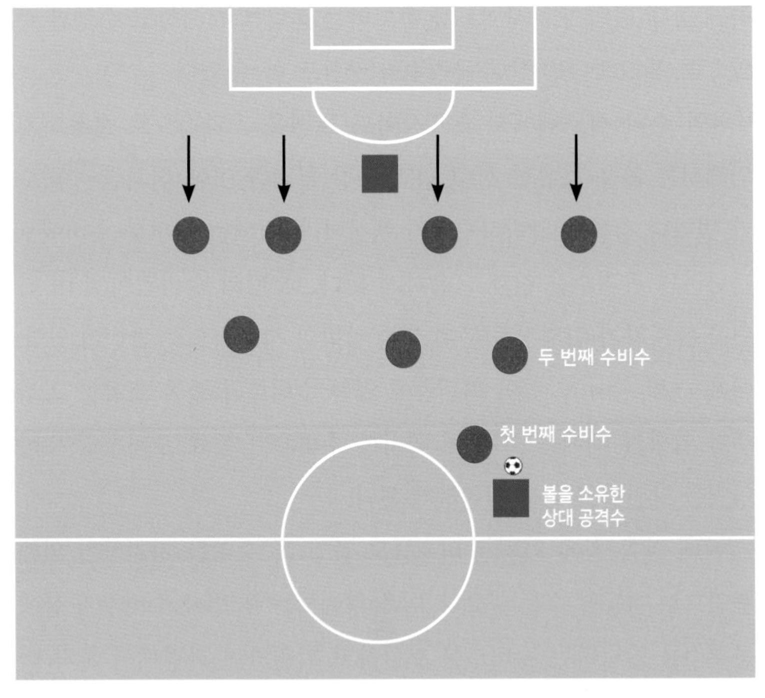

그림 4-5 첫 번째 수비수가 볼을 소유한 상대 공격수에게 압박을 가할 때, 수비진은 상대 공격수들의 오프사이드를 유도하기 위해 수비 라인을 전방으로 이동시킬 수 있다. 이때 볼에서 두 번째로 가까운 수비수가 상대를 압박하고 있는 첫 번째 수비수의 공백으로 인한 영역을 커버하기 위해 중앙으로 조금 이동한다.

수비진들이 수비 라인을 유지할 수 있는 이유는 볼을 소유한 상대 공격수가 압박을 받아, 다시 뒤로 패스를 하거나 옆으로 평행하게 패스pass square를 하게 되기 때문이다. 이 전략은 볼을 소유한 상대 공격수가 수비진을 관통하는 패스를 할 수 없다는 전제 아래 운용된다. 만약 그 공격수를 충분히 압박하지 않거나 전혀 하지 않는다면 수비 라인과 미드필드 라인 모두 후방으로 이동하게 된다(그림 4-6 참조).

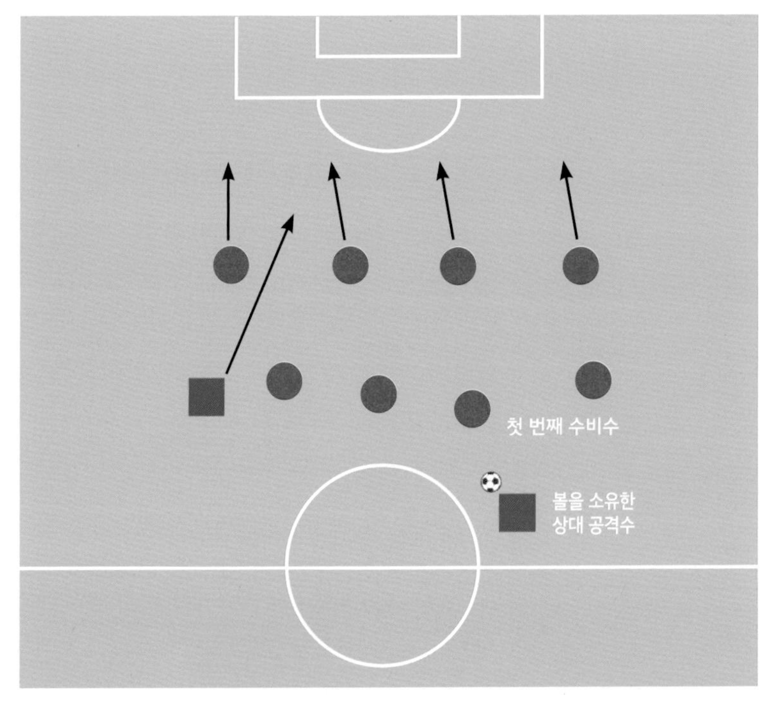

그림 4-6 볼과 가장 가까운 첫 번째 수비수가 볼을 소유한 상대에게 압박을 가하지 않는다면 수비 라인과 미드필드 라인은 그 뒷공간을 수비하기 위해 후방으로 이동하게 된다.

이는 원래의 수비 라인 뒷공간을 수비하여 상대 공격수들이 이 공간으로 패스를 넣거나 패스를 받지 못하도록 방지하기 위해서이다. 볼을 소유한 상대 팀을 압박하지 않는다면, 상대의 오프사이드를 유도하는 전략을 효과적으로 운용할 수 있는 확률은 매우 희박하다.

5. 4인 지역 수비 시스템의 장단점

4인 수비 시스템의 주요 장점은 상대 공격수와 필드를 가로지르는 영역을 모두 동시에 커버할 수 있다는 것이다. 즉, 이 시스템에서는 상대 팀 공격수에 의해 수비수들이 모두 한쪽으로만 쏠려 수비진이 불균형하게 분포되고, 이에 따라 다른 쪽의 수비가 취약해져 상대 공격수에게 공간을 열어 주는 현상을 거의 찾아볼 수 없다. 이에 더해, 3인 시스템과 반대로 수비진에 한 명이 추가되면서 수비수 중 한 명이 실수를 하거나 상대 공격수와의 경합에서 진다고 하더라도 이를 지원할 수 있는 인원이 더 있다는 것도 또 다른 이점이다. 최근 축구팀들이 많이 운용하는 포메이션이 그렇듯, 상대 팀이 두 명의 공격수로 공격진을 꾸린다면, 4인 수비 시스템은 수비 영역에서 수적으로 상대보다 더 우세하다.

플랫 백 포 시스템 또한 전통적 시스템에서 스위퍼를 운용하는 것보다 더 효과적으로 수비하고 수비 라인을 유지할 수 있다. 즉, 이 시스템에서 수비진은 상대 공격수의 오프사이드를 유도하거나 상대 미드필더들이 수비진을 관통하는 패스를 할 수 없도록 수비 라인을 더욱 효과적으로 이동시킬 수 있다. 이는 수비진이 볼을 소유한 상대 공격수를 압박하기 위해 수비 라인을 전방으로 끌어올리면서 미드필더 라인도 동시에 앞으로 이동시키는 방법으로 운용한다.

일각에서는 4인 수비 시스템이 다른 시스템보다 수비 라인을 이

동시킴에 있어 더욱 효과적으로 운용할 수 있다고 말하는 강점을 오히려 약점으로 인식하기도 한다. 이는 이 시스템이 어떠한 형태로 변형되든 간에 4인 수비 시스템 자체가 수비 영역의 더 깊은 곳까지 제대로 커버하지 못한다는 점에 기인한다. 그 결과 이 시스템은 가끔 수비진을 넘어, 혹은 수비진을 관통하여 뒷공간으로 패스되는 상황에서 수비가 매우 취약해지기도 한다.

또한 이 시스템은 수비수들 간의 방어가 서로 명확하게 구분되지 않는다는 결정적인 단점을 갖고 있다. 구역을 기반으로 수비하는 모든 시스템이 그러하듯, 상대 공격수들이 두 수비수 간의 영역이 겹치는 곳에 있는 경우에 문제가 발생한다. 이러한 경우 수비수들은 그 공격수를 방어하는 것이 누구의 역할이고 책임인지를 두고 혼란을 겪을 수 있다. 비록 공격수가 한 영역에서 다른 영역으로 이동하면서 수비수들이 수비의 역할을 서로에게 넘기는 것에 능숙하다고는 해도, 영역이 겹치는 곳에서 방어의 역할과 책임이 누구에게 있는지 혼란을 겪는 중에 발생하는 머뭇거림과 시간은 중대한 문제로 이어질 수 있다.

V 전술적 수비 대응

1. 공격에서 수비 전환 단계

계속 발전하고 있는 현대 축구의 수비 전술은 골키퍼에서 최전방 공격수의 공격과 수비에 대한 생각을 변화시키고 있다. 공격수와 수비수를 분리할 수 없고, 볼을 소유한 곳이 공격의 출발점이 되고 볼을 빼앗기면 최전방 공격수라도 바로 최전방 수비수 역할을 시작해야 하기 때문이다.

축구 경기는 자기 팀이 볼을 점유하고 있을 때와 상대 팀이 볼을 점유하고 있을 때, 즉 공격과 수비의 연속적 과정으로 전개된다. 이러한 경기에서 가장 위험한 순간은 공격에서 수비로 전환되는 단계이다. 미드필드 플레이어는 공격을 지원하기 위해 전방으로 움직인 상태에서 수비를 해야 하기 때문이다.

1) 역습 방어

역습counter attacking이 효과적인 전술이라는 것을 고려하면, 좋은 팀은 상대의 즉각적인 전방으로의 전진을 막거나 늦출 수 있는 전환단계의 기술을 발전시킬 방안을 찾을 것이다. 이것은 즉각적인 볼에 대한 압박으로 미드필드와 수비 라인의 균형을 포지션과 수적인 면에서 유지하며 상대 팀이 측면과 후방으로 패스하도록 유도하는 것으로 이루어진다.

중요한 것은 이러한 지속적인 수비 조직이 빌드업buildup 과정이나 공격 과정에서 유지되어야 한다는 것이다. 공격에서 수비로의 전환 단계 이후에만 수비를 하는 팀은 역습을 잘하는 팀의 공격에 의한 득점 장면을 쳐다볼 수밖에 없을 것이다.

공격에서 수비로 전환될 때 공격 포지션에서 적극적으로 공격에 가담한 선수들은 상대 선수의 움직임에 즉시 대응하지 못하거나, 동료 선수들을 커버플레이할 수 있는 위치에 있지 못하는 경우가 종종 있다. 이것이 수비로 전환 시, 볼 근처에 있는 선수가 왜 즉각적으로 압박을 하는 것이 중요한지를 보여 주는 이유이다. 경기에서 공격과 수비의 전환은 계속 발생하고, 역습 위험이 높거나 낮을지라도 볼을 빼앗겼을 때 어떻게 팀이 반응하는지는 결과에 중요한 영향을 미치게 된다.

2) 압박

수비하는 팀이 전술적 선택을 잘하는 팀이라면 압박pressing은 효과적인 전술이 될 수 있지만 때로 위험을 초래하기도 한다. 압박은 수비 블록defensive block을 전방과 볼을 향해 이동시켜야 하므로 위험할 수 있다. 이러한 압박의 움직임에 선수들이 적절한 시점에 함께 반응하지 못한다면 수비 블록 안, 또는 수비 블록 뒤, 때에 따라 측면 구역에서 상대 팀이 공격할 수 있는 공간을 허용할 수 있기 때문이다.

특히 수비수들이 조직을 갖추지 못한 채 공격을 위해 전방으로 이동하는 경우, 빠른 빌드업 역습은 상대 팀에게 공격 기회를 허용할 수 있다. 압박하는 팀의 수비 뒷공간을 효과적으로 보호하기가 쉽지 않기 때문에 오프사이드 전술의 수비적 적용도 매우 중요하다. 골키퍼의 경우, 전진하여 위치하고 스위퍼로서의 역할을 하는 것도 압박 수비 상황에서는 필요하다.

3) 공격에서 수비 전환 단계의 대원칙

공격에서 수비로 전환하는 단계에서는 다음 세 가지 대원칙이 실제 활동에 적용될 수 있다.

첫째, 상황에 따라 볼을 다시 빼앗아 공격하거나 역습하기 위해 볼을 압박한다.
둘째, 만일 볼을 다시 빼앗는 것이 어렵다면 상대의 공격을 지연시키고 우리 수비진이 조직을 갖출 시간을 얻는다.
셋째, 수비 조직을 갖출 시간을 가지면서 수비 단계를 빠르게 시작한다.

이러한 전환 단계의 원칙을 지속적으로 잘 적용하기 위해서는 사전에 수비 블록 위치를 어떻게, 어떤 위치에서 전개할지를 정해야 한다. 수비 블록 위치는 전방 수비 블록high defensive block, 미드 수비 블록middle defensive block, 그리고 깊은 수비 블록deep defensive block 세가지 형태가 활용된다.

각 수비 블록 방법의 장단점 및 수비 재조직 과정에서 유의할 점은 다음과 같다.

전방 수비 블록의 장점

- 경기 90분 내내 상대를 압도할 수 있다.
- 상대 팀을 자기 진영에서 플레이하도록 유도할 수 있다.
- 상대 팀을 우리 골문에서 먼 지역에서 계속 플레이하도록 한다.
- 상대 팀의 빌드업 과정을 어렵게 할 수 있다.
- 상대가 급하게 플레이하도록 유도하여 실수를 하도록 만들 수 있다.

전방 수비 블록의 단점

- 전방 수비 블록의 가장 큰 단점은 우리 수비 뒷공간을 자유롭게 내줄 수 있다는 것이다.
- 볼을 빼앗지 못하는 경우, 체력적 소모가 매우 클 수 있다.
- 예상하지 못한 클리어링이나 롱 패스에 당황하거나 위험해질 수도 있다.
- 최대한 짧은 시간 내에 볼의 소유권을 찾아오는 것이 필요하다.
- 경기 상황에 따라 적절하게 수비 라인을 끌어올리고 내릴 줄 아는 영리한 포백 수비 라인 선수가 필요하다.

전방 수비 블록을 활용하는 경우에는 상대 진영에서 수비를 조직해야 한다.

상대가 공격을 시작하려는 시점에 볼을 다시 빼앗기 위해 노력해야 한다. 이를 위해서는 모든 선수들의 적극적이고 조직적인 행동이 빠르게 협력적으로 이루어져야 한다. 상대가 볼을 갖는 순간부터 볼 가진 선수와 잠재적으로 볼을 받을 선수까지 고려하여 빠르게 압박을 가하는 것으로부터 시작한다. 볼 가진 선수를 압박하며 가능한 한 패스 라인을 차단하고 제한해 가면서 상대 선수가 좋은 판단을 할 수 있는 시간을 줄여야 한다. 동시에 포백 라인이 하프라인 중심에 위치하거나, 때로는 그보다 더 위쪽에 위치하면서 수직적인 선수 간격이 멀어지지 않도록 수비 라인을 조정해야 한다(그림 5-1 참조).

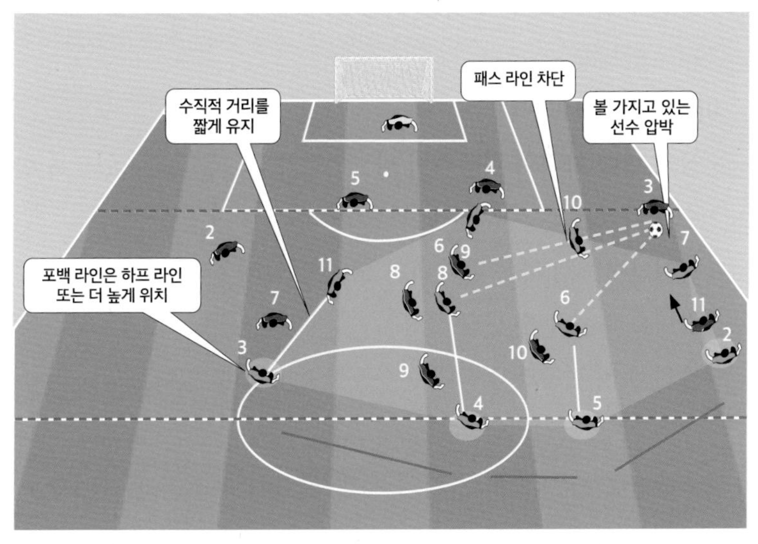

그림 5-1 전방 수비 블록의 재조직 플레이

미드 수비 블록의 장점

- 볼과 골문 사이에 콤팩트한 수비 블록을 형성할 수 있다.
- 역습을 효과적으로 전개할 수 있다.
- 수비 단계를 상대적으로 좁고 감당할 만한 공간에서 시작할 수 있다.
- 동료 수비수와의 좁은 간격으로 수비 강도를 적절하게 유지할 수 있다.
- 상대 선수들이 우리 골문에서 먼 지역에서 공격을 시작하도록 유도할 수 있다.
- 상대 팀에게 슈팅을 위한 좋은 위치와 공간을 내주지 않는다.
- 오프사이드 함정을 활용할 가능성이 높다.

미드 수비 블록의 단점

- 상대 팀이 자신의 진영에서 빌드업을 쉽게 시작할 수 있도록 할 수 있다.
- 전진하여 위치하는 골키퍼의 위치로 인해 상대 선수의 중거리 슈팅을 허용할 수 있다.
- 우리 수비 뒷공간을 상대 선수들이 이용할 수 있다.

〈그림 5-2〉는 미드필드 지역 수비 블록의 재조직 플레이를 나타낸 것이다. 미드 수비 블록의 활용은 스트라이커(No. 9)를 제외하고 나머지 선수들은 우리 진영에서 수비를 하는 것이다. 포백 수비 라인은 페널티 지역으로부터 10~15m 전진하여 위치하고, 나머지

라인은 사전에 결정된 거리에 일반적으로는 10~15m 정도의 거리에 따라 위치한다. 수비 뒷공간이 크기 때문에 골키퍼는 전진하여 수비수를 커버하고 공간을 차지해야 한다.

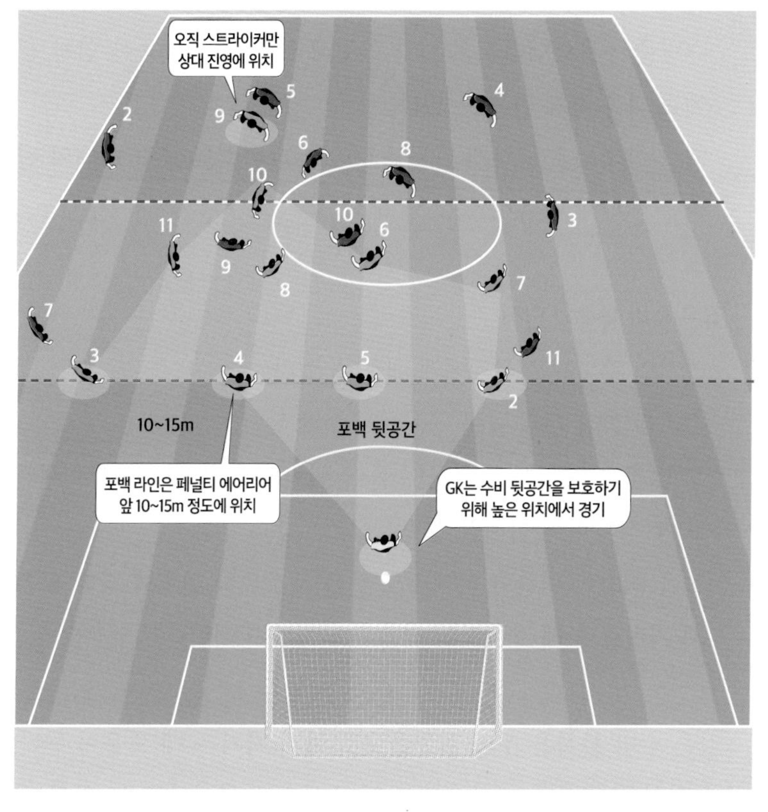

그림 5-2 미드필드 지역 수비 블록의 재조직 플레이

깊은 수비 블록의 장점

- 볼과 우리 골문 앞에 항상 콤팩트한 수비 블록을 형성할 수 있다.
- 골문을 강도 높게 지킬 수 있다.
- 상대적으로 좁은 수비 지역을 많은 수비수들이 밀집하여 수비할 수 있다.
- 슈팅을 허용하더라도 수비가 근접해 있어 상대가 높은 압박 중에 공격을 하게 만들 수 있다.
- 때로 상대를 조급하게 만들고 단순한 다이렉트 공격 형태의 전환을 유도해 낼 수 있다.

깊은 수비 블록의 단점

- 경기의 주도권을 상대에게 내줄 수 있다.
- 수비를 항상 우리 골문 근처에서 하게 된다.
- 우리 골문 근처에 많은 선수들이 위치하여 플레이하므로 세컨드 볼 상황이 위험해질 수 있다.
- 볼을 빼앗아 역습을 하더라도 볼을 재소유한 위치와 상대 골문의 거리로 인해 효율적인 역습을 전개하기 어렵다.

깊은 수비 블록은 우리 골문을 견고하게 지키는 데 도움이 된다. 수비 라인은 페널티 에어리어 라인 중심으로 위치하고 그 앞의 미드필드 라인은 10~15m 수직적인 거리를 유지하여 경기 상황에 따라 수비 블록을 형성하게 된다. 그리고 골키퍼는 골문 가까이에 위치한다(그림 5-3). 상대 팀의 경기력에 따라 수비 방법도 다양하게 활용할 수 있지만 깊은 수비 방법은 대부분의 지도자들이 두 번째 대안으로 활용하기를 원한다. 처음부터 우리 지역으로 수비 블록을 내려서 수비하기보다는 경기 상황과 상대 팀의 공격과 전술 운용에 따라 전방 수비 블록, 미드 수비 블록 방법과 함께 깊은 수비 블록 방법을 활용하는 것이 바람직하다.

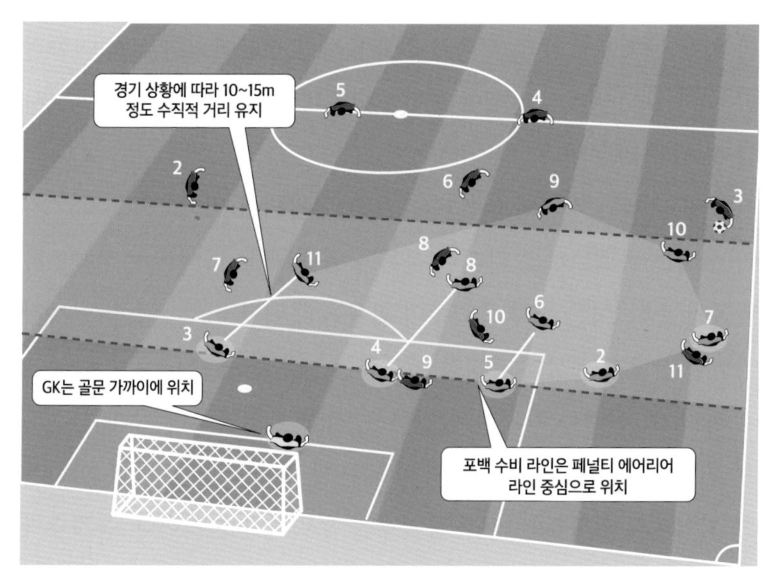

그림 5-3 깊은 수비 블록의 재조직 플레이

2. 수비 단계

수비 단계는 궁극적으로 영리한 방법으로 수비하는 것에 대한 문제로, 상대를 압박하기 위해 공간을 줄이는 것이 목표이다. 공격 단계가 끝나고 볼 점유를 잃어버리면 수비 체계를 갖추어야 한다. 이를 위해 공격에서 수비로 빠르고 효율적인 전환이 이루어져 이상적인 수비 포지션에 도달해야 한다. 이때 비로소 수비 단계를 발전시킬 수 있기 때문이다.

수비 단계는 경기의 다른 단계들과 연관되어 있다. 잘 조직된 지역 수비는 콤팩트하고 단단한 블록을 볼과 골문 사이에 형성하도록 만들어 준다. 이는 상대 공격수의 활동을 무력화하고, 전진하여 득점 기회를 만들려는 상대 공격을 방어하는 데 도움을 준다.

경기 중 선수는 각자가 담당하는 지역에 위치하여 상대 선수가 그 지역에 들어오면 수비를 하게 되는데, 볼을 가지고 있든 아니든 그 지역에서 활동하는 상대 공격수를 무력화하는 것이다. 공격수가 그 지역을 벗어나거나 우리 팀이 볼을 점유하게 되면 그 선수에게서 떠나도 된다. 한마디로 그 지역에서 선수의 위치는 항상 볼의 위치에 따라 결정된다고 할 수 있다.

지역 방어를 통해 볼 주변 지역에서의 수적 우위numerical superiority를 확보할 수 있고, 수비수 집단이 콤팩트한 블록으로 움직이면서 수비 강도를 유지할 수도 있다.

이처럼 지역 방어 형태로 수비수의 이동과 노력이 좀 더 효율적이 될 수 있다. 효율성을 높이기 위해서는 수비 지역이 수평적으로, 수직적으로 작아져야 한다. 구역과 구역 간의 선수들 간격이 적정 수비 간격optimal defensive distance으로 축소되어야 한다는 것이다.

선수들은 항상 자신의 지역 안에서 활동하게 되므로 자신의 처음 포지션과 경기 상황에 따른 이동 포지션을 이해해야 수비 수행 능력을 향상시킬 수 있다.

지역 방어의 12가지 장점

① 그룹의 결속이 핵심 가치이다. 수비적으로 책임감 있는 팀이 된다.

② 선수들의 움직임(체력적 노력과 결과)이 효율적이다.

③ 지속적인 수비 지원과 커버플레이의 적용을 돕는다.

④ 자신이 맡은 상대 선수를 압박하고 방어하기 위해 포지션에서 나오지 않아도 된다.

⑤ 수적 열세에서 수비할 수 있는 가장 좋은 방법이다.

⑥ 볼 주위에서 수적 우위를 만들어낼 수 있다.

⑦ 상대 팀의 공격을 위한 공간을 제한할 수 있다.

⑧ 상대 선수들이 횡적으로horizontal passes in midfield 플레이하도록 유도한다.

⑨ 좋은 위치에서 상대 공격수의 슈팅 기회를 감소시킨다.

⑩ 볼을 다시 빼앗거나 상대 선수의 움직임을 효과적으로 예측하는데 동료 선수들의 지원을 받을 수 있다.

⑪ 개인적 실수를 같은 라인이나 다른 라인의 동료 선수들이 즉각적으로 보완할 수 있다.

⑫ 선수들이 항상 자신의 수비 포지션을 알고 볼을 다시 빼앗았을 때 언제 어디로 공격할지를 알 수 있다.

1) 수비 단계의 전술적 대원칙

수비 단계의 전술적 대원칙은 다음 세 가지로 요약할 수 있다.

- 지역 방어zone defense
- 우리가 원하는 구역으로 상대 공격을 몰기
- 협력 압박collective pressing

협력 수비 형태

수비 단계로 접어들면 협력 수비 형태collective defensive patterns를 만드는 것이 주요 목표이다. 볼을 중심으로 공간에서 수적 우위를 차지하는 방법을 찾아야 한다. 우리가 수적 열세인 상황에서도 적절하고 좋은 포지션 플레이를 통해 상대 공격수의 행동을 제대로 예측하고 수비를 잘할 수 있어야 한다.

수비 단계에서 만들어야 하는 주요 전술적 대원칙은 두 가지이다.

- 우리가 원하는 방향으로 몰기(안쪽 또는 바깥쪽)

- 협력 압박(볼을 가진 선수와 받을 선수들)

상대 팀을 우리가 원하는 방향으로 몰아가기

지역 방어는 상대를 압박해 우리가 원하는 곳으로 몰아가는 방법을 활용한다. 상대가 실수를 하도록 압박하여 볼을 최대한 빠른 시간 안에 재점유하는 것이다. 이때 중요한 것은 볼을 점유하고 있지 않을 때에도 상대를 공격하는 것이다. 볼 주위의 지역을 압박하고 서로 커버플레이를 하면서 수비 철학의 하위 원칙을 실행하는 것이다.

수비 조직 체계에서 상대를 측면이나 중앙으로 우리가 원하는 방향으로 몰아가는 것은 수비의 주요 원칙이다. 이는 우리가 원하는 곳에서 볼을 빼앗아 공격을 빠르게 전개하는 것까지 연관되기 때문이다. 중앙 지역으로 모는 경우에도 우리 팀의 미드필더와 수비 라인 사이에서 패스 연결 하는 것을 허용해서는 안 된다.

〈그림 5-4〉는 중앙 지역으로 상대 선수를 몰아가는 방법을 나타낸 것이다. 중앙으로 몰아가는 것은 일반적이진 않으나 전술적으로 상대 선수들이 우리 수비 블록 안에서 플레이하는 것을 허용한다. 이러한 경우 많은 선수들이 볼을 가진 선수를 동시에 압박해서 볼을 빼앗을 수 있다. 〈그림 5-4〉와 같이 청팀 선수 네 명이 동시에 압박하여 홍팀 수비형 미드필더(No. 6)의 볼을 빼앗는 것이다.

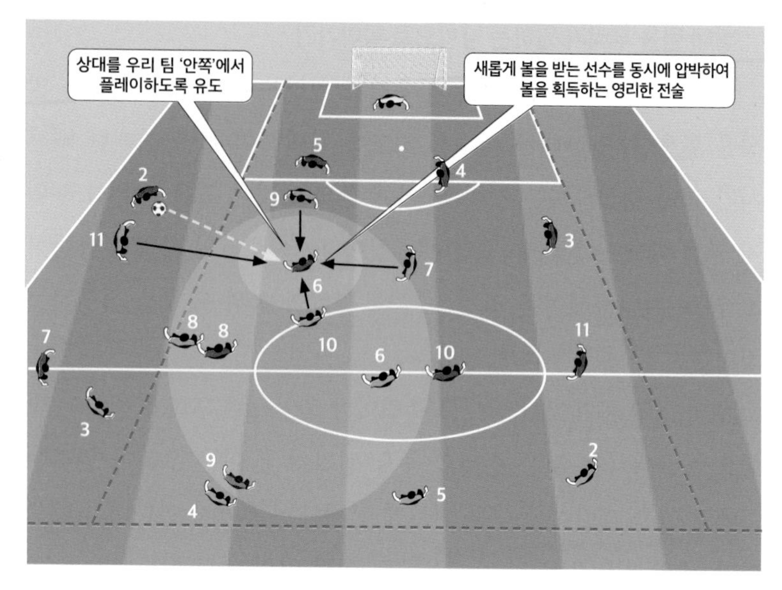

그림 5-4 상대 팀을 우리가 원하는 방향으로 몰아가기

협력 압박

지역 방어의 적용은 항상 상대를 압박하는 것으로 시작된다. 볼을 빼앗기 위해 압박할 때 전술적 시작 신호를 아는 것이 매우 중요하다. 일부 선수들은 포지션의 역할 때문에 상대 선수를 유도하거나 압박의 타이밍을 조정하기도 하지만, 압박은 협력해서 동시에 해야 한다. 볼을 받으려는 상대 공격수 주위에 있는 수비수는 상대 선수가 볼을 받으려는 순간의 자세를 파악하고, 주변에 상대 공격수에게 도움을 줄 수 있는 선수의 위치 등을 고려하여 압박하는 타이밍을 결정하는 리더 역할을 하게 된다. 다른 선수들은 협력 압박collective pressing을 위해 간격을 좁게 유지하고 볼의 이동을 살펴야 한다.

협력 압박의 부원칙

상대를 효율적인 방법으로 원하는 방향으로 몰거나 압박하기 위해서 적용해야 할 부원칙은 다음과 같다.

- 콤팩트
- 볼 위치로의 협력적인 이동
- 활동적/비활동적 수비 지역
- 수비적 커버플레이

콤팩트

공격에서 수비로 전환되어 수비 포지션에 서게 되면 볼을 중심으로 콤팩트한 수비 조직이 만들어져야 한다. 볼과 골문 사이에 수비 그룹이 위치해야 하고, 두 가지 형태의 수비수 사이에 적절한 간격이 유지되어야 한다.

- 수평적 선수 간 간격(Lateral-Sectorial Distance) : 같은 라인의 선수들(수비, 미드필드, 공격 라인) 간에 유지되어야 하는 간격으로, 일반적으로 8~10m 정도이나 경기 상황에 따라 변할 수 있다.
- 수직적 구역 간 간격(Vertical-Intersectorial Distance) : 다른 라인(수비, 미드필드, 공격 라인) 간 선수들의 거리 간격으로 경기 상황에 따라 증가하거나 감소할 수 있으나, 14~16m 정도가 적절하다. 콤팩트 블록을 기능적 단위로 유지하기 위해 볼의 움직임에 따라 적절한 수비 속도로 협력적으로 움직일 수 있어야 한다.

볼 위치로의 협력적 이동

전방, 후방 또는 측면으로 협력해 이동하는 것은 수비 블록을 콤팩트하게 유지하고 볼에 근접할 수 있는 유일한 방법이다. 모든 선수들이 적절한 수비 속도에 따라 협력적으로 움직여야만 상대 공격의 전진을 막아낼 수 있다.

- 수평적 이동 : 옆 방향으로의 움직임으로, 볼의 위치와 움직임에 따라 결정된다. 〈그림 5-5〉에 나타난 바와 같이 홍팀의 중앙 수비수(No. 4)가 레프트백(No. 3)에게 패스한 경우, 청팀 선수들은 협력하여 서로 같은 간격을 유지하면서 측면으로 이동한다. 수비 조직을 유지하며 콤팩트하게 블록을 유지한다.

그림 5-5 볼 위치로의 협력적 이동의 예

- 수직적 이동 : 전방 또는 후방으로의 이동을 의미하며, 볼의 위치에 따라 달라질 수 있다. 상대 공격수가 볼을 점유하여 시간적·공간적 여유가 있고 수비 라인 뒷공간에 패스를 할 수 있는 상황이라면, 수비 라인을 내려 세워야 하고 모든 선수들이 협력해 동시에 같이 움직여 수비 블록을 유지해야 한다.

활동적·비활동적 수비 지역

협력적인 움직임의 결과로 수평적·수직적 공간을 축소시킬 수 있고, 활동적·비활동적 두 가지 형태의 지역을 만들게 된다.

- 활동적 수비 지역 : 볼과 근접한 지역
- 비활동적 수비 지역 : 볼과 근접한 지역의 수비 블록을 유지하기 위해 일시적으로 볼과 반대편 공간을 비워 놓은 지역

〈그림 5-6〉은 볼의 위치를 중심으로 공간을 축소하고 상대를 압박하기 위해 만든 활동적 수비 지역과 비활동적 수비 지역을 나타낸 것이다. 비활동적 공간에 있는 공격수(홍팀 No. 2 & No. 7)는 인근에 있는 선수가 관심을 가지고 살펴보아야 한다.

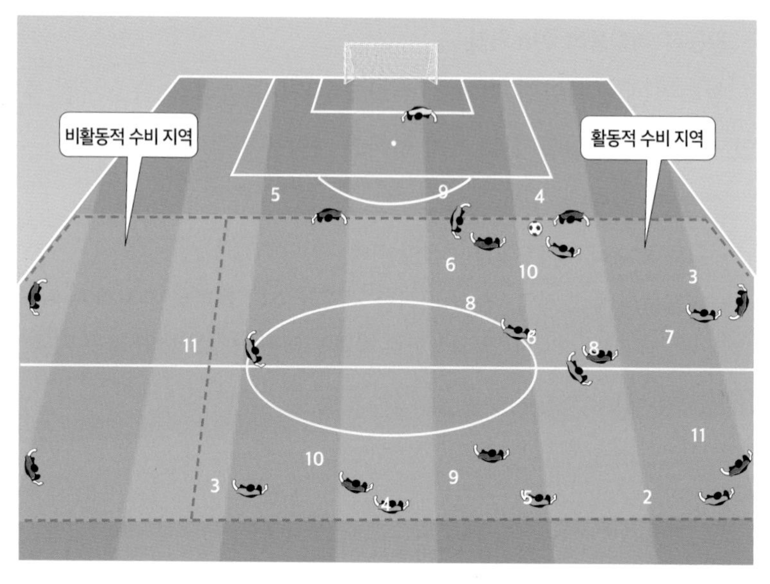

그림 5-6 활동적 & 비활동적 수비 지역

커버플레이

수비 체계와 수평적·수직적 구조의 조직은 볼 근처의 안정적인 수비 지원과 커버플레이를 가능하게 만든다. 〈그림 5-7〉은 볼을 가진 선수를 압박하는 선수(No. 10)와 세 명의 커버플레이에 참여하는 선수들(No. 6, 7, 8)을 나타낸 것이다. 이는 볼을 가진 선수(No. 6)의 시간과 공간을 제약하여 상대 팀 공격의 전진을 막는 것을 보여 준다. 공격수의 활동을 제한하기 위해 발휘되는 볼과 볼 주위 공간에 대한 압박의 강도를 높이고 주위 상대 선수에게 연결되는 패스의 공간을 차단하며 지역을 커버하는 볼 주위 수비 지역에서의 커버플레이와 협력적 움직임이 이루어져야 한다.

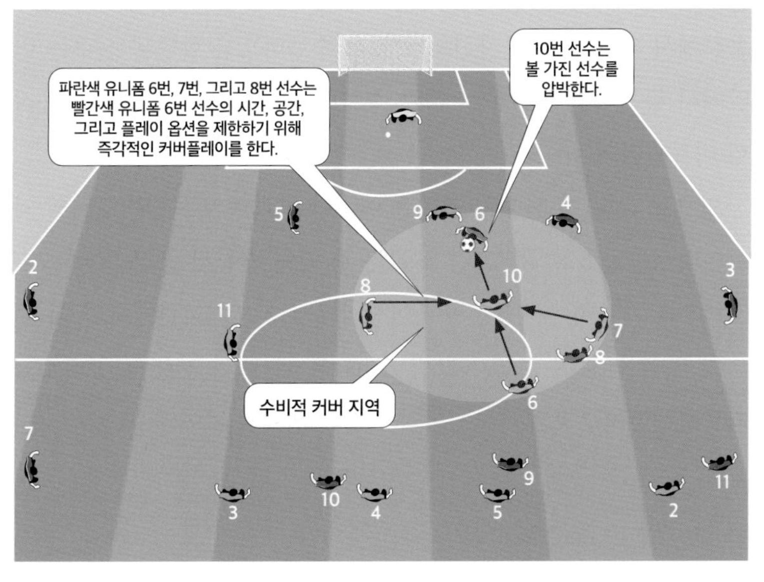

그림 5-7 볼을 가진 선수에 대한 압박과 커버플레이

3. 경기 상황에 따른 수비 전술

경기 상황에 따라 고려해야 할 다섯 가지 주요 수비 대응 전술을 설명하면 다음과 같다.

1) 공격형 미드필더 방어

최근 몇 년 동안 'man in the hole' 전략을 운용하는 것이 많은 축구팀 사이에서 유행하고 있다. 여기에서 'hole'은 주로 전통적인 포지션에서의 미드필더와 공격수 사이의 공간을 일컫는 말이다. 이 공간에서 전략에 따른 자신의 역할을 수행하도록 할당된 선수는 더 앞에서 공격적인 역할을 수행할 수 있으며, 그 선수는 대부분 공격형 미드필더이다.

앞으로 다룰 이 선수의 역할은 이러한 공격형 미드필더로서의 역할이다. 〈그림 5-8〉과 〈그림 5-9〉는 두 명의 전통적 공격수traditional forward를 기용하는 3-5-2 포메이션과 4-4-2 포메이션에서의 이 선수의 역할을 보여 주고, 〈그림 5-10〉은 한 명의 전통적 공격수를 기용하는 4-4-2 포메이션에서의 역할과 위치를 보여 준다.

그림 5-8 3-5-2 포메이션에서 공격형 미드필더의 위치

그림 5-9 전통적 공격수 두 명을 활용한 4-4-2 포메이션에서 공격형 미드필더의 위치

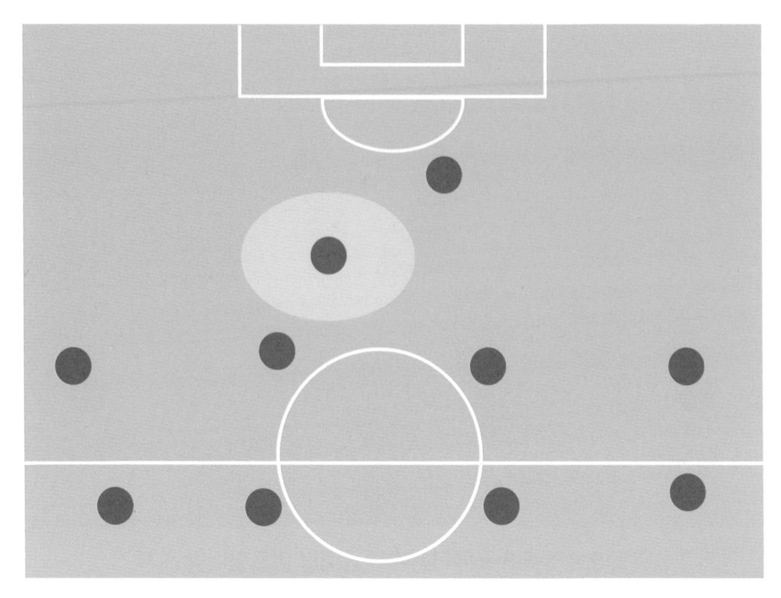

그림 5-10 전통적 공격수 한 명을 활용한 4-4-2 포메이션에서 공격형 미드필더의 위치

이러한 위치에 선수를 기용하는 것은 수비적인 측면에서 몇 가지 문제를 야기한다. 수비수들이 고정적으로 위치해 있지 않은 곳에서 역할을 수행하는 이 선수를 누가 수비해야 하는지에 대한 질문에 명확한 답이 없기 때문에 빚어지는 혼란은 수비 측면에서 발생하는 가장 흔한 문제이다.

더 나아가 이러한 혼란은 후방에 위치한 수비수가 이 선수를 방어하기 위해 전방으로 나와야 하는지, 만약 그렇다면 어떤 수비수가 나와야 하는지, 아니면 미드필더 중 한 명이 후방으로 와서 방어해야 하는지와 같은 질문으로도 이어진다. 주로 'man in the hole'에 배치되는 선수는 매우 공격적이고 유능한 선수이기 때문에 이 선수를 수비하기 위한 앞의 질문에 대한 답을 내리고 수비 전략을 세울 때 매우 조심해야 한다.

그러나 이 선수를 방어하고 무력화하기 위한 전략을 세울 때 이 선수가 패스를 주로 하는 선수passer인지, 빠른 속도로 앞으로 나아가는 선수runner인지 등 선수의 특성을 파악해야 한다.

공격형 미드필더의 특성을 파악하는 것은 그 선수가 수비진에게 가하는 위협이 그의 볼 소유와 패스에서 비롯되는 것인지, 아니면 볼을 받기 위해 빠르게 달려가는 속도에서 비롯되는 것인지 명확히 구분하기 위해서이다. 전자의 경우라면 그는 적재적소에 패스하는 능력을 통해 동료들이 골을 넣을 수 있도록 지원함으로써 공격력에 기여하게 된다. 반대로, 후자의 경우라면 공격수의 전방을 포함하여 더 넓은 영역을 뛰어다니며 수비수로 하여금 방어하기 어렵게 한다는 점에서 수비진에게 위협이 된다.

4인 수비 시스템에서의 'man in the hole' 무력화

만약 이 'hole'에 있는 공격형 미드필더가 패스를 주로 하는 선수라면, 수비 전략은 그가 볼을 소유할 때 패스할 수 있는 공간과 시간을 막는 것을 최우선으로 한다. 이를 위한 가장 분명한 방법은 대인 방어 시스템을 적용하여 네 명의 수비수 중 한 선수 혹은 수비형 미드필더에게 이 선수를 전담 방어하는 역할을 부여하는 것이다. 수비수에게 이러한 역할을 부여하는 경우, 센터백들에게는 이미 두 명의 공격수를 방어하는 역할이 주어지므로, 이 선수를 방어하는 책임은 주로 풀백에게 주어진다. 이를 바탕으로 전략을 운용한다면 기존

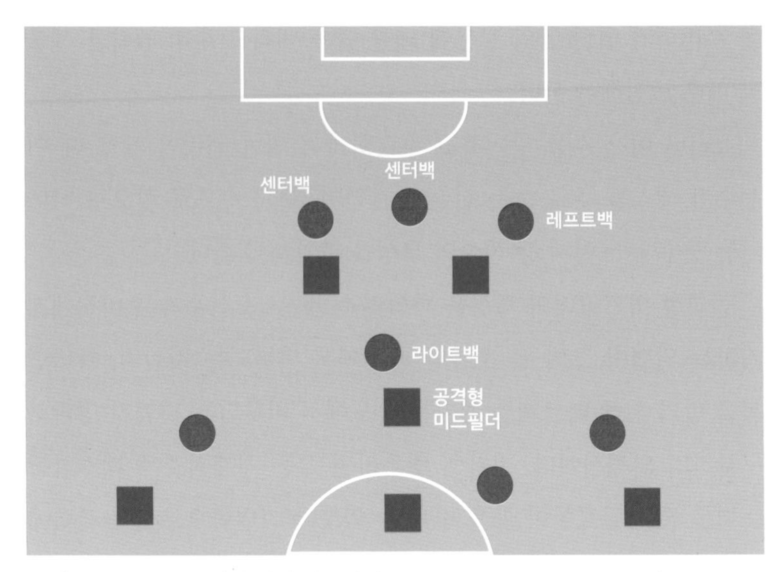

그림 5-11 오른쪽 풀백이 전방 미드필더(advanced midfielder or the 'man in the hole')를 방어하기 위해 원래의 위치와 역할을 재조정하여 배치되었다. 이러한 재조정 이후 수비진은 다시금 3인 수비 시스템으로 조직되어 운용된다.

의 4인 수비 시스템에서 3인 수비 시스템으로 수정되어, 다른 풀백이 센터백 쪽으로 더 가깝게 배치되어 그들을 지원하고 수비 영역을 보완할 수 있다. 또한, 한쪽 풀백이 전방 미드필더를 방어하게 되면서 비게 된 수비 영역은 그 풀백과 가장 근접한 센터백이 바깥쪽으로 위치를 조정하여 커버하게 된다(그림 5-11 참조). 그 대신 수비형 미드필더가 상대 팀의 공격형 미드필더를 무력화하는 역할을 부여받게 되는 경우에는 풀백들이 미드필드 영역을 지원하기 위해 수비 라인을 끌어당기게 된다.

다음 〈그림 5-12〉는 이러한 상황에서 팀의 포메이션이 어떻게 조정되는지를 보여 준다. 이때 풀백 중 한 명은 센터백 근처로 위치를 조정하고 다른 풀백은 방어로 인해 한 명이 공석인 미드필드 영역을 지원하기 위해 앞으로 나아가게 된다.

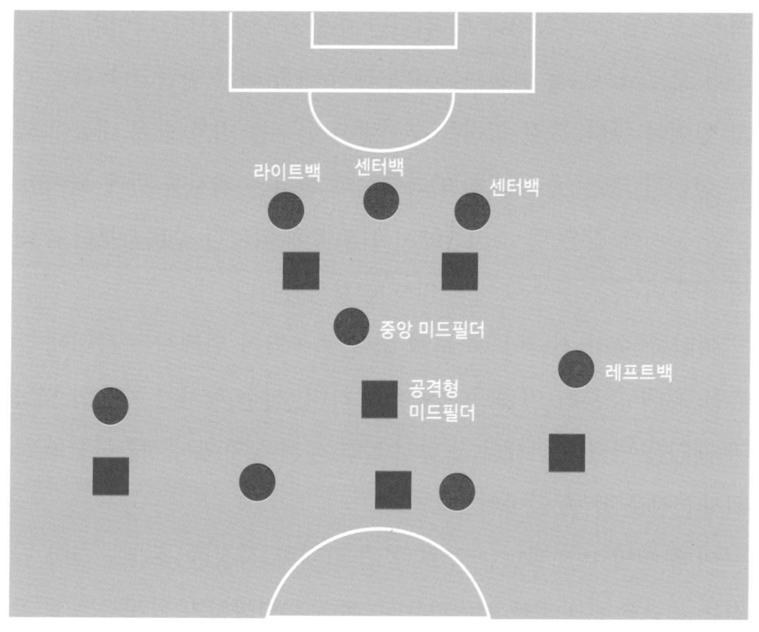

그림 5-12 중앙 미드필더가 상대 팀의 공격형 미드필더를 무력화하는 역할을 부여받고 공석이 된 미드필드 영역을 왼쪽 풀백이 미드필드 영역으로 나아가 지원한다.

반대로 상대 팀의 전방 미드필더가 패스를 하기보다는 동료 공격수보다 전방의 위치로 뛰어가 공격을 지원하는 유형의 선수라면 수비 전략은 앞의 전략과 매우 다른 양상을 띠게 된다. ‘Runner’는 수비진으로 하여금 대인 방어로 볼을 적재적소에 패스하고 분배하는 능력으로 공격을 지원하는 ‘passer’를 무력화하는 것과는 다른 문제에 직면하게 한다. 물론 앞서 다룬 것과 유사하게 이 선수를 전담 방어하는 선수를 지정할 수도 있으나, 이러한 전략은 여러 문제를 수반한다. 'Runner'를 방어하는 선수는 최소한 그 선수와 동일한 체력적 조건을 갖추었거나 더 뛰어난 수준이어야 하며, 나아가 이 선수가 오프사이드를 범하도록 유도하기 위한 빠른 판단과 능력을 갖고 있어야 한다. 또한 방어를 부여받은 선수는 비록 방어 대상이 되는 선수가 가는 곳 어디든 따라다녀야 한다는 지시를 받게 되지만, 이와 동시에 같은 팀 수비진에서 최후방에 위치한 수비수보다 수비 영역의 더 깊은 곳으로 가지 않도록 지시받는다.

이러한 수비 전략이 큰 문제 없이 운용되기 위해서는 사전에 훈련을 통해 충분히 연습되어 있어야 하며, 선수 각자가 자신의 역할과 책임을 명확히 이해하고, 앞서 말한 문제 상황에서 정확하고 빠른 의사결정을 할 줄 알아야 한다.

이때 전방 미드필더는 주로 공격을 위한 적절한 공간을 찾아 달리는 능력으로 공격을 지원하므로, 이를 무력화하기 위해서는 빈 공간을 수비수로 채우는 것이 최적의 방법이다. 'runner'가 이동하면서 서로 다른 수비 구역에 들어올 때 그 구역의 선수를 방어하여 수비하는 4인 수비 시스템의 변형 중 하나인 지역적 수비 시스템이 가장 이상적이라고 할 수 있다. 더 나아가 전방 미드필더와 그의 동료 공격수가 하나의 수비 구역 안에 있을 때에는 수비진이 그 구역으로 더 밀집하여 공간을 채우는 동시에 수적으로 우세한 상황으로 공격을 저지할 수 있다.

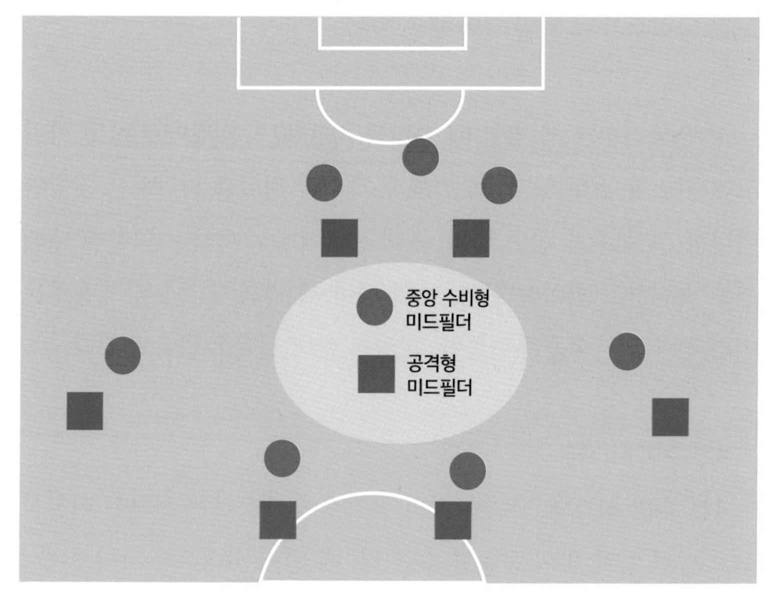

그림 5-13 3-5-2 포메이션에서는 중앙 수비형 미드필더가 상대 팀 공격형 미드필더를 방어하는 것이 이상적이다.

3인 수비 시스템에서의 'man in the hole' 무력화

3인 수비 시스템으로 경기를 운용할 때에는 공격형 미드필더를 누가 맡을 것인지에 대해서 더 명확한 답을 내릴 수 있다. 미드필드 영역에 다섯 명의 선수가 할당될 때에는 당연히 그중 한 선수가 미드필드의 더 깊은 영역, 즉 수비진 전방에서 역할을 수행하게 된다(그림 5-13 참조). 즉, 상대의 전방 미드필더와 활동 영역이 가장 많이 겹치게 되는 선수가 방어하는 것이 이상적이다. 이는 상대의 공격형 미드필더가 'passer'든 'runner'든 간에 똑같이 적용된다.

2) 공격수가 세 명일 때의 대응 방법

상대 공격수가 세 명일 때 수비를 하는 팀의 입장에서는 몇 가지 고려해야 할 점이 있다. 세 번째 공격수의 위치를 파악하는 것뿐만 아니라 그 선수가 상대 팀의 공격 전략에서 수행하는 역할에 대해서도 숙지하고 있어야 한다. 상대 팀이 세 명의 공격수를 기용하는 여러 전략과 전술을 무력화할 수 있는 수비 전략은 다음과 같다.

4인 수비 시스템

4인 수비 시스템으로 세 명의 공격수에 대응하는 전략은 이론상으로는 큰 문제 없이 운용할 수 있다. 세 번째 공격수가 사이드에서 활동하는 윙어이거나 다른 공격수들보다 더 넓은 범위에서 활동하는 경우에는 해당 윙을 맡아 수비하는 풀백이 상대의 세 번째 공격수를 방어하며 수비한다.

이러한 상황에서 다른 풀백은 수비를 보완하기 위해 센터백 쪽에 더 근접한 위치로 자신의 위치를 재조정하거나 자신의 수비 영역에 들어올 상대 중앙 스트라이커를 방어하고 수비할 준비를 한다(그림 5-14 참조).

만약 세 번째 공격수가 'hole' 구역에서 활동하게 되는 경우, 그 선수의 특성에 따라 수비 전략과 수비수들의 역할 배분이 달라진다. 이 선수에 대해 수비진이 어떻게 대응할 것인지에 대해 사전에 대비하지 않는다면 여러 문제가 발생할 수 있다.

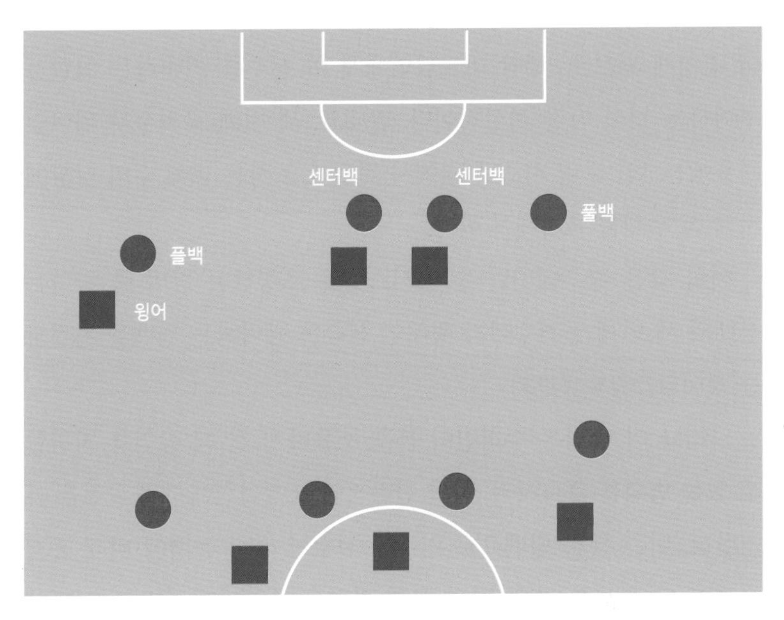

그림 5-14 4인 수비 시스템의 수비진은 세 번째 공격수가 활동하는 윙에 대응하는 쪽의 풀백이 공격수를 방어하게 되며, 다른 풀백은 수비진을 보완하기 위해 위치를 센터백 쪽으로 재조정한다.

3인 수비 시스템

만약 상대의 세 번째 공격수가 미드필드 영역의 최전방에서 활동한다면, 3인 수비 시스템에서 이 선수에 대한 수비를 하는 역할은 주로 수비형 미드필더에게 부여된다. 즉, 다섯 명의 미드필더 중 가장 후방에 위치한 미드필더가 이 선수와 활동하는 영역이 가장 많이 겹치게 되므로, 해당 미드필더에게 이 선수를 커버하는 역할을 부여하는 것이 가장 이상적이다. 반대로, 세 번째 공격수가 윙어인 경우에는 3인 수비 시스템 내에서 적절한 조정을 통해 수비 상황에서 수적 우세를 유지해야 한다.

이와 같은 경우에 3인 수비 시스템을 조정하는 방법 중 하나는 상대의 세 번째 공격수이자 윙어인 선수를 방어하는 윙백을 지정하는 것이다(그림 5-15 참조).

그러나 이 방법은 수비진이 볼을 소유하게 될 때 공격을 지원할 수 있는 범위를 축소시켜, 팀의 전반적인 포메이션에서 불균형을 야기한다. 이는 특히 윙백으로 지정된 선수가 수비 능력에 비해 공격 능력이 더 우세한 경우, 팀의 공격 자원을 빼앗기게 되는 것이므로 공격에서 더 큰 문제가 발생할 수 있다.

이러한 상황에서는 주로 중앙 미드필더 중 한 명이 더 넓은 영역을 커버하도록 위치와 역할이 재조정되어 언제든 필요할 때마다 팀의 공격을 지원할 수 있도록 지시함으로써 어느 정도 문제를 해소할 수 있다.

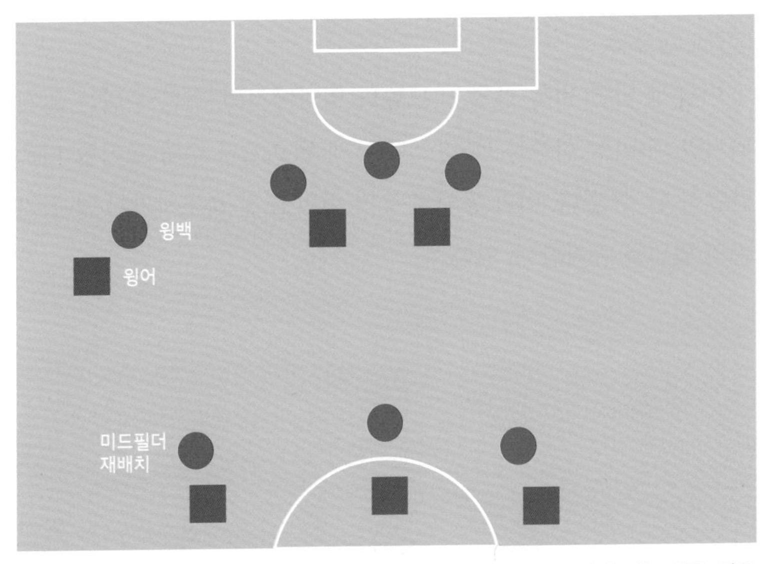

그림 5-15 상대 팀 윙어를 방어하기 위해 풀백을 윙백으로 기용하게 되는 경우 미드필더 중 한 명이 풀백의 빈자리를 채우기 위해 위치를 재조정하게 되며, 이때 미드필더에게는 공격형 상황이 발생하면 공격을 지원하는 역할도 함께 부여한다.

수비에 공격 자원을 빼앗기는 방법 대신 세 명의 수비진에서 한 명이 윙어를 방어하도록 하고, 수비형 미드필더가 수비진의 3인 시스템을 유지할 수 있도록 위치를 재조정하는 방법을 운용할 수도 있다 (그림 5-16 참조).

이렇게 되면 비록 중앙 미드필드 영역에서의 수적 우위는 잃게 되지만, 수비형 선수를 네 명으로 두게 됨으로써 수비 조직을 더욱 탄탄히 할 수 있다. 이와 동시에 공격 범위 또한 축소시키지 않고 기존의 범위를 유지할 수 있다.

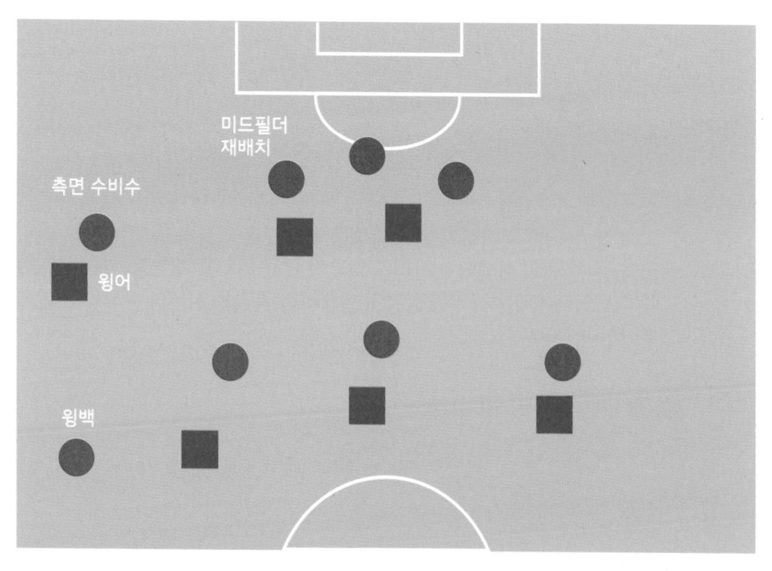

그림 5-16 사이드에 위치한 수비수가 상대의 윙어를 방어하여 수비하는 경우, 수비형 중앙 미드필더가 3인 수비 시스템의 빈자리를 채우게 되며, 공격 상황 시 공격형 윙백이 공격을 지원할 수 있도록 하여 팀의 공격 범위를 유지할 수 있다.

3) 바깥쪽 열어 주기와 안쪽 열어 주기

축구에서 수비는 특정 원칙을 기본 전제로 운용된다. 그중 하나는 상대 팀의 공격진에게 공격을 할 수 있는 공간을 열어 주지 않는 것이다. 다른 원칙은 중앙 수비 영역을 수비하여 상대의 공격수들을 덜 위협적인 영역인 바깥으로 밀어내는 것이다. 이 두 원칙 모두 수비 전략에서 중요하지만, 팀의 전반적인 전략과 상황에 따라 우선순위가 변한다. 이는 상대 팀이 중앙 영역에서 볼을 소유하고 경기를 진행하지 못하도록 하는 전략을 운용하거나, 반대로 공격을 진행하는 공간을 최대한 좁혀 중간 영역에만 가두는 전략을 운용하는 등 서로 다른 상황에서의 전략에서 그 우선순위가 변할 수 있음을 의미한다. 어떠한 전략을 운용할 것인지 명확히 설정하면 팀의 모든 선수들은 그 전략을 따라야 하며, 상대 팀의 경기 진행 방식과 움직임을 예측할 수 있어야 한다.

바깥쪽 열어 주기

상대 팀에게 바깥 공간을 열어 주는 전략은 골대의 영역을 봉쇄하고 필드의 양 사이드인 윙의 영역으로 밀어내는 것이다. 따라서 수비수들은 사이드 쪽에서의 볼 소유는 중앙 쪽보다 덜 위협적으로 여겨, 사이드로의 패스는 주로 내주게 된다(그림 5-17 참조).

이러한 전략을 운용하게 되는 경우, 필드의 중간 영역에 더 많은 선수들을 배치하게 된다. 이러한 구조로 수비진을 조직하는 경우, 상대 팀으로 하여금 수비진을 뚫고 크로스를 올리기 위해서 윙백이나 풀백을 거쳐 넓게 돌아서 공격을 진행하게 만든다는 이점이 있다. 이때의 윙백이나 풀백이 속도가 빠르고 뛰어난 기량을 가진 선수라면, 공격수의 입장에서는 이 수비수를 따돌리고 크로스를 올리는 것이 어려워진다. 또한 크로스를 올린다고 해도 이러한 상황에 대비하여 훈련된 수비수들이 포진된 중앙으로의 크로스는 더욱 어려워진다. 이에 더해 수비하는 팀의 골키퍼가 크로스를 가로채는 능력이 뛰어난 경우, 상대 팀이 골을 넣을 수 있는 기회와 확률은 더욱 줄어들게 된다.

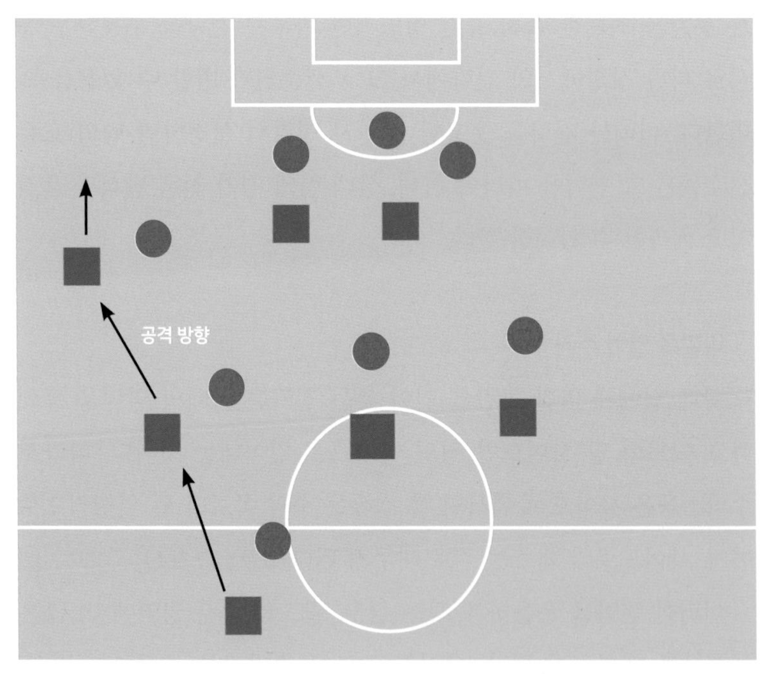

그림 5-17 수비수들이 바깥쪽 공간만 내주게 되어 공격수들은 덜 위협적인 공간에서 공격을 진행하게 된다.

안쪽 열어 주기

반대로, 일각에서는 지나치게 바깥쪽 공간만 열어 주게 되면 윙에 위치한 수비수들만 집중적으로 노출된다고 지적하기도 한다. 만약 스피드가 매우 빠르고 기량이 뛰어난 상대 공격수가 사이드로 공격을 진행하다가 수비수들이 대처하기 전에 골 라인 쪽으로 크로스를 올리게 되면 수비가 매우 취약해질 수 있다. 따라서 수비 위험 영역은 이 지역을 커버하는 수비수들과 함께 잘 보호해야 하며, 이 쪽으로 상대 팀이 패스를 하는 상황 또한 막아야 한다.

이를 위한 전략으로는 상대 팀이 필드의 중간 영역에서만 공격을 진행하도록 하는 것이다. 이 전략은 이미 수비수가 밀집한 지역으로 상대 팀이 공격을 진행하도록 유도함으로써 공간과 시간을 제한하도록 한다는 원리를 기반으로 한다. 이에 더해 볼을 소유한 공격수를 안쪽 공간에 묶어 두게 되면 그 공격수가 상대적으로 능숙하게 활용하지 못하는 발을 사용하게 하고, 더 나아가 볼을 컨트롤하는 능력을 제한해 수비진이 볼을 소유할 가능성을 더욱 높이게 된다(그림 5-18 참조).

이러한 전략을 운용할 때 또 다른 이점은 공격 상황이 주로 수비진의 전방에서 진행된다는 것이다. 제한된 공간 안에 많은 선수들이 포진해 있으므로 상대 팀이 이러한 수비진을 뚫고 공격을 진행하기가 더 어려워진다. 즉, 위협적인 크로스를 올릴 수 있는 윙백의 뒷공간을 내주지 않게 되면서 상대 공격수들은 선수들이 밀집된 중앙 지역에서만 볼을 플레이하도록 강요당하게 된다. 이렇게 영역이 제한되면 수비수들은 오히려 수비하기가 더 용이해진다.

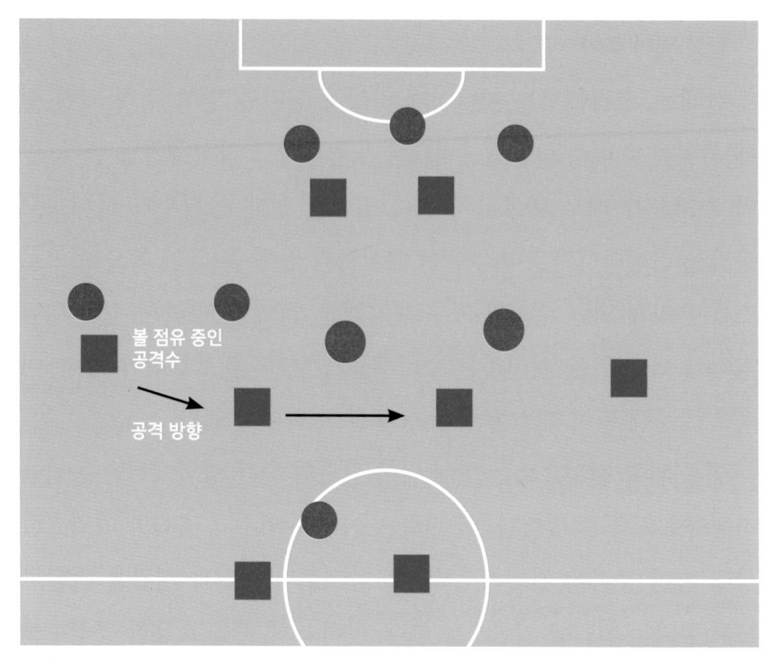

그림 5-18 수비진이 안쪽 공간을 내줌으로써 상대 공격수들은 수비진의 전방 중앙 지역에 국한되어 공격을 진행하게 된다.

두 전략이 서로 다른 상황에서 모두 효율적이라는 것을 이미 여러 차례 입증했으므로 어떤 전략이 더 우세하다고 결론 내리는 것은 불가능하다. 한 가지 전략만으로 효율적 수비를 완성하는 것은 쉽지 않다. 상대 팀 선수들의 장단점과 우리 팀 선수 개인 및 팀 차원의 능력을 고려하여 경기 상황에 맞추어 대응하는 것이 중요하다. 어떤 한 전략의 효율적인 운용은, 앞서 말한 것처럼 선수 개인적 차원과 팀 차원에서 전략의 내용을 명확하게 이해하고 받아들이는 것이 핵심이다. 그리고 이러한 이해는 충분한 훈련을 통해 이룰 수 있다.

VI 카운터 프레싱

리버풀, PSG(파리생제르망), 리옹의 전 감독이었던 제라드 울리에Gerard Houllier는 "오늘날 축구 경기에서 가장 중요한 순간은 볼을 얻거나 빼앗기는 순간이다"라고 말했다. 게겐프레싱Gegen-pressing은 순간적으로 상대에게 빼앗긴 볼을 압박하는 것을 의미하는데, 다시 볼을 빼앗아 빠른 역습을 전개하기 위해서이다.

이러한 이유로 게겐프레싱은 항상 이미 정해진 공간으로 압박이 이루어지는 일반적인 압박 플레이와는 구분된다. 사전적인 의미로 게겐프레싱은 볼의 소유권을 빼앗겼을 때 곧바로 볼을 되찾으려는 열정적인 에너지를 가진 선수들이 볼을 몰아붙이는 것을 의미하며, 대부분의 경우 상대 진영의 높은 지역에서 이루어진다. 이러한 형태의 게겐프레싱의 기본 개념은 상대방이 섣부른 판단을 하도록 강제하고 패스 미스를 유도하며 볼을 소유한 선수에게 강한 심리적 압박감을 주는 것이다. 영어로는 카운터 프레싱Counter-pressing이라고 한다.

위르겐 클롭Jurgen Klopp 감독이 게겐프레싱이라 불리는 압박 전술을 전 세계에 전파한 것으로 알려져 있으나, 사실은 이와 같은 카운터 프레싱 전술은 1970년대부터 존재하였다. FC 아약스와 네덜란드 국가대표팀은 1970년대에 카운터 프레싱 전술을 사용하여 엄청난 성공을 거두었다.

현대의 카운터 프레싱 전술과의 가장 큰 차이점은 선수들의 믿을 수 없는 수준의 체력, 세계 최고 수준의 운동 능력, 강인한 정신력과 90분 내내 흐트러지지 않는 집중력을 들 수 있다. 만약 카운터 프레싱 전술을 구사하기를 고려하고 있다면 쉽지 않은 방법이라는 것을 반드시 명심해야 한다. 또한 소속 선수들의 뛰어난 정신적·체력적 노력이 뒷받침되어야 한다. 만약 카운터 프레싱, 또는 클롭 감독이 게겐프레싱이라 불렀던 전술을 올바르게 구사한다면 상대 팀을 완벽하게 무너뜨릴 수 있을 테지만 어설프게 구사한다면 반대의 경우가 발생할 것이다.

1. 성공적 카운터 프레싱의 중요 개념

1) 팀은 볼 주변에 압박을 가할 수 있는 선수가 충분히 있는지 우선 인지해야 한다(3~5명의 선수가 적절).

경기 동영상 분석 방법을 활용하는 연구 결과에 따르면 효과적인 카운터 프레싱을 위해서는 볼을 빼앗긴 후 반드시 2.4초 내에 첫 번째 수비수가 압박을 가해야 하고, 5.5초 내에 두 번째 수비수가 압박을 가해야만 한다(DiBernardo, 2018). 볼 주변의 첫 번째 수비수나 가장 가까운 곳에 위치한 선수는 상당히 적극적으로 플레이해야 하고, 압박 동작을 함에 있어 망설여서도 안 된다. 또한 선수가 지나치게 몰두하거나 무모한 동작을 취해서도 안 되고, 개인의 수비 능력이 잘 갖춰져 있어야 한다.

만약 초기에 이루어지는 압박 동작이 미흡한 수비 기술과 훈련 부족으로 인해 무너진다면 카운터 프레싱 전술은 실패할 것이고, 이에 따라 팀은 역습에 취약한 상황에 처하게 될 것이다. 반면 첫 번째와 두 번째 수비수가 2.4초와 5.5초 규칙에 따라 압박을 가한다면, 상대방에게서 볼의 소유권을 빼앗아 올 수 있는 확률이 높아질 것이다. 볼을 가진 상대방에게 3~5명의 선수가 압박을 가할 때, 카운터 프레싱 전술은 가장 효과적인 전술이 된다.

2) 카운터 프레싱에 참여하지 않는 나머지 선수들은 다음 두 가지 목적을 수행한다.

첫째, 후방 깊숙한 곳에 위치한 선수들은 카운터 프레싱이 일어나는 상위 포지션으로부터 긴 패스에 의해 전열이 무너지지 않도록 주의해야 한다. 둘째, 카운터 프레싱에 참여하지 않는 선수들 중 상위 포지션에서 공격을 펼칠 선수를 선정하여 고정시켜 두어야 한다. 이러한 개념은 볼을 소유하는 즉시 상위 포지션에서 역습을 하여 득점이 가능한 선수를 찾을 수 있도록 한다.

스트라이커나 스트라이커 포지션에 있는 선수들은 카운터 프레싱이 성공하는 데 중요한 부분이다. 스트라이커들은 끊임없이 움직이고 상대를 압박하며 역습에 유리한 포지션을 잡는 것이 필요하다. 볼을 빼앗긴 후에 걸어서 복귀하거나 상황을 회피하고 싶어하는 선수들은 절대로 역압박을 실시하는 팀에서 플레이를 할 수 없다. 실제로 현대 축구에서 우리가 럭셔리luxury한 선수라고 부르는 선수들의 입지는 점차 좁아지고 있다. 이러한 선수들은 볼이 자신의 발 위에 있을 때만 움직이기를 원한다.

3) 카운터 프레싱 상황에서 볼에 모여든 선수들은 다방면의 압박을 위해 여러 방향에서 올 수 있다.

궁극적으로 압박은 조직화되어야 하며 균형이 잘 맞아야 한다. 심지어 압박 초기 3~5명의 선수들이 볼에 모여들 때도 마찬가지이다. 강력한 카운터 프레싱은 볼을 가진 상대방으로 하여금 섣부른 판단을 하도록 만든다. 카운터 프레싱은 정신적 측면 또한 존재하는데, 압박을 받는 상대방은 끊임없이 강하게 가해질 압박의 결과로 심리적 압박감을 느끼게 될 것이다. 따라서 경기가 진행될수록 상대는 결국 정신적으로 지치게 될 것이다.

4) 만약 상대방이 초기 압박을 이겨냈다면 팀은 즉각 볼의 후방으로부터 전열을 재정비해 다시 압박을 가할 수 있는 팀의 구조를 갖춰야 한다.

5) 6초 이내에 볼을 다시 되찾아야 한다!

카운터 프레싱의 목적은 상위 포지션에서 빠르게 볼을 되찾고 즉각 역습 모드로 전환하는 것이다. 카운터 프레싱의 결과 상대 팀은 수비 조직의 형태를 갖출 시간을 갖지 못한다. 클롭 감독은 카운터 프레싱으로부터 최소한의 패스를 통해 이어지는 역습에 대해 종종 언급하였다. 만약 빠른 역습이 불가능하다면 팀은 기회를 만들기 위한 의도로 볼을 소유할 것이다.

6) 카운터 프레싱은 언제 멈추어야 하는가?

이것은 교재에서 명확한 답을 찾을 수 있는 종류의 쉬운 문제가 아니다. 하지만 그만큼 중요한 문제이다. 이상적으로는 팀이 6초 이내에 볼을 다시 되찾는 것이지만, 그렇지 못할 경우 어떻게 될까? 6초의 법칙이 무너졌기 때문에 후방으로 내려앉아 플레이를 해야만 할까? 당연히 정답은 '그렇지 않다'이다. 압박을 헤쳐 나가는 팀은 일반적으로 선수들 간에 위치를 바꾸거나 압박을 했던 지역으로부터 드리블을 통해 이동하고, 또는 패스를 통해 그 지역을 벗어난다. 이때 볼을 가진 선수들은 긴 시간 동안 시야가 확보되고 반대 저항 없이 다음 행동을 취할 수 있다.

6초 법칙은 일반적인 가이드라인보다 더 많은 의미를 갖는다. 만약 당신의 팀이 압박을 하고 상대 팀은 실제 압박 하에 포메이션을 걸어 잠그고 있어서 8초가 지났다면 단지 6초 법칙이 깨졌다고 해서 뒤로 처질 것인가? 물론 아니다. 만약 상대 팀이 압박을 이겨냈다면 우리 팀은 빠르게 좋은 수비 형태를 갖추면서 볼의 후방으로 내려서야 한다.

7) 볼을 얻었을 때 빠르게 상황을 빠져나오기 위해서는 선수들이 가진 높은 기술적 능력이 매우 중요하다.

공격에서 수비로 전환되는 동안 상대 팀의 무너진 수비 조직력을 적절히 활용하기 위해서는 좁고 제한된 지역으로부터 한두 번의 볼 터치를 통해 다음 플레이를 이어갈 수 있는 기술적이고 지능적인 선수들이 꼭 필요하다. 카운터 프레싱 전술은 상대 팀 수비 조직을 무너뜨릴 수 있는데, 이 부분을 잘 활용하기 위해서는 기술적이고 창의적인 선수들이 있어야 한다.

8) 카운터 프레싱이 성공하기 위해서는 팀의 전체 포지션이 지나치게 벌어져서는 안 된다.

예를 들어 2~4명의 선수들이 역습을 진행하고 나머지 선수들이 느려져서 뒤로 처진다면 팀의 포메이션은 느슨해진다. 만약 역습 도중에 볼을 빼앗긴 상황에서 볼 가까운 곳에 선수들이 충분히 있지 않다면 압박하기에 좋은 시점이 아닐 것이다. 요점은 볼이 있는 지역에서 압박을 가할 수 있는 선수들의 수와 볼과의 거리이다.

9) 효과적인 카운터 프레싱을 위해서는 선수들이 90분간 유지할 수 있는 정신력과 체력을 갖춰야 한다.

만약 선수들이 90분간 집중할 수 없거나 강인한 체력을 갖고 있지 못하다면 카운터 프레싱은 효과적일 수도 있지만 순식간에 무너질 수도 있다. 체력 수준과 집중력은 직접적인 상관 관계가 있다. 클롭 감독은 그의 팀이 매 경기 총 120km를 달릴 수 있기를 바랐는데, 만약 선수들이 이를 달성한다면 경기에서 쉽게 패할 일은 드물 것이라고 예상했다. 클롭은 도르트문트 감독으로 있을 때 선수들에게 처음으로 하루 휴식을 준 적이 있었는데, 바로 한 경기에서 총 이동거리 120km를 달성한 날이었다. 리버풀에서는 많은 선수들이 햄스트링 부상을 겪고 있었지만 선수들은 충분히 좋은 컨디션을 유지하였고, 매 경기 120km를 달릴 수 있었다.

10) 선수들은 수비 상황이나 볼을 소유했을 때 빠른 템포로 플레이할 수 있어야 한다.

이러한 혈기 왕성한 형태의 축구 스타일은 체력적·정신적 속도뿐만 아니라 전체적으로 빠른 플레이 전개가 요구된다. 카운터 프레싱은 이러한 빠른 템포의 플레이에 기반한다.

11) 선수들과 상대 팀, 그리고 특별한 순간

클롭 감독이 말한 카운터 프레싱 전략을 구성하는 요소는 선수들, 상대 팀 그리고 특별한 순간 세 가지로 요약할 수 있다. 감정적인 축구는 어느 '순간' 열광적으로 될 수 있는데, 이러한 열광적인 감정은 클롭 감독이 그의 팀에 진정으로 바라는 것이다. 팬들과 선수들의 경기, 그리고 팀의 역사와 그 밖에 수많은 것들이 모두 하나가 되어 특별한 순간을 만들어내는 것이다. 그 특별한 순간이 90분을 전력을 다해 뛸 수 있는 원동력이고, 카운터 프레싱을 더욱 효과적으로 만든다.

2. 카운터 프레싱의 장점과 위르겐 클롭 감독의 특징

카운터 프레싱의 첫 번째 장점은 압박을 당하는 상대 팀으로 하여금 엄청난 운동량과 극도로 빠른 플레이 스타일을 기반으로 템포가 빠르고 강한 압박이 이루어지는 경기를 하도록 만든다는 것이다.

일반적으로 속도감이 떨어지고 전방의 압박 라인이 느슨한 팀인 경우, 상대 팀이 장시간 편안하게 경기를 한다는 느낌을 준다. 반면 대부분의 팀은 카운터 프레싱을 구사하는 팀을 만나게 되면 허둥거리게 된다.

카운터 프레싱의 두 번째 장점은 상위 포지션인 상대방 진영에서 카운터 프레싱이 진행된다는 것이다. 이것은 볼을 다시 빼앗았을 때, 팀에서 득점이 가능한 선수들이 이미 상위에 포진되어 있다는 것을 의미한다.

세 번째 장점은 상대 팀이 공격에서 수비로 전환하는 데 필요한 시간을 충분히 주지 않는다는 것이다. 상대 팀은 결국 덜 조직화되어 돌파가 가능한 공간적 여지가 있는 상태로 공수 전환기에 머물러 있게 된다. 카운터 프레싱이 잘 작동하면 상대 팀이 수비에서 공격으로 전환하는 능력을 무너뜨릴 수 있다.

위르겐 클롭 감독은 종종 카운터 프레싱이 최고의 플레이 메이커라고 강조한다. 경기 스타일의 측면에서 보면 카운터 프레싱은 절대적으로 감정적인 스타일이라 할 수 있다.

카운터 프레싱을 위해서는 모든 선수들이 90분 내내 헌신적이고 열정적으로 참여해야 한다. 만약 경기장의 사이드라인에 서 있는 위르겐 클롭 감독을 본다면, 그가 가만히 앉아서 노트 필기를 한다거나 무표정한 상태로 있기보다는 모든 킥을 하는 매 순간 천당과 지옥을 오가는 듯한 모습으로 경기장에 있는 모든 팬·선수들과 하나가 되어 감정적으로 빠져들어 있는 모습을 볼 수 있을 것이다. 그의 스타일과 성격은 그가 함께하는 모든 클럽에 믿음과 희망의 기운을 북돋아 주는 것으로 알려져 있다.

위르겐 클롭 감독은 경기장에서 그의 독특한 성격을 보여 줄 뿐만 아니라 외모에서도 독특한 면을 보여 준다. 그는 수염을 기른 채 사이드라인에서 종종 팀의 트레이닝복을 입고 야구 모자를 쓰고 나타나곤 한다. 어떤 면에서는 그의 품행과 의복이 노동자로서의 사고방식을 상징하기도 하는데, 이는 그가 하위 리그의 선수와 코치로서 스타일을 터득했기 때문일 수도 있다. 클롭 감독은 지금까지 모든 것을 직접 성취해야만 했고, 밑바닥에서부터 자신의 존재감을 스스로 드러내야만 했다.

그가 제안받은 첫 번째 업무는 아마도 선수 코치 역할을 하는 것이었을 것이다. 하지만 그는 선수 코치가 되기를 거부하고 자신이 완전히 몰입하고 헌신할 수 있는 역할을 맡기를 원했다. 그는 오직 지도자가 되기를 원했던 것이다. 클롭 감독이 했던 모든 결정이 그러했듯이 지도자가 되고자 했던 그의 결정은 모든 것을 건 결정이었으며, 이것이 그를 코치로서, 또 한 인간으로서 그가 빛날 수 있게 해주었다.

위르겐 클롭 감독에 관해 강조하고 싶은 것은 그의 통찰력과 아이디어, 그리고 어떻게 경기를 해야 하는지에 대한 확고한 믿음을 바탕으로 한 대담함이다. 현대 축구에서는 게임 모델Game Model이라 부르는데, 다른 표현으로는 플레이 스타일이라고도 한다. 클롭 감독이 리버풀에 자리를 잡았을 때, 리버풀은 연이은 지도자 교체로 어수선한 상황이었다. 팀은 말 그대로 현대 축구에서 구사되고 있는 모든 포메이션을 전부 시도하고 있었고, 사실상 매주 새로운 선수 라인업으로 경기를 치렀다. 이것은 놀랄 만한 일도 아니었는데, 선수들은 리버풀의 플레이 스타일이 무엇인지조차 일관되게 표현하지 못했다.

그러나 클롭 감독이 부임하자 모든 것이 변했다. 그는 "우리가 추구하는 것은 하나이며, 그게 전부"라고 말했다. 그의 '열정적인 카운터 프레싱'은 첫 번째 계획이었고 두 번째 계획이란 존재하지 않았다. 결과적으로 클롭 감독은 리버풀이 다시 비상할 수 있도록 만들었고, 현재 그들만의 확고한 스타일을 갖게 되었다. 이러한 정체성은 팀과 매우 잘 맞았다. 근면 성실한 사람들로 구성된 블루칼라 도시인 리버풀은 카운터 프레싱이라는 스타일을 빠르게 받아들이고 존중하였다. 사실상 도르트문트나 리버풀 같은 도시에 자연스럽게 어울리는 것 그 이상이었으며, 문화적으로도 적합하였다.

3. 카운터 프레싱의 전술적 분석

1) 볼 압박(swarming the ball)의 기본 개념

수비수가 볼 쪽에 가까이 갈수록 각도를 좁혀 감에 따라 패스하는 선수가 가진 옵션이 줄어든다.

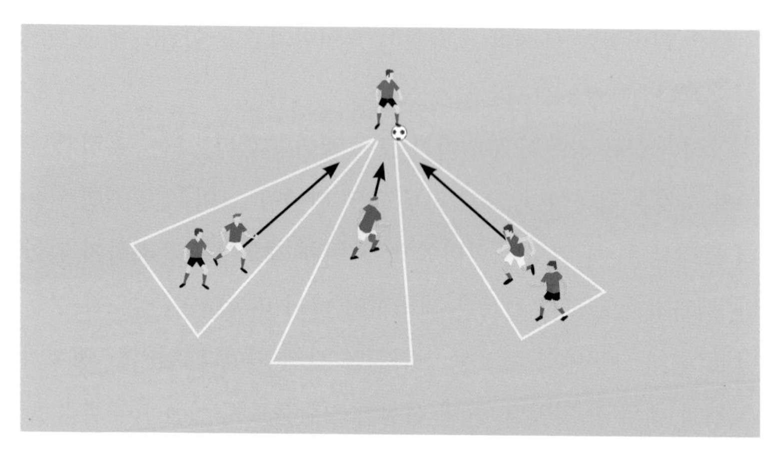

그림 6-1 볼 압박의 기본 개념

카운터 프레싱을 구사하기 위한 첫 번째 단계는 볼을 한 방향으로 몰아가면서 패스 경로를 차단하는 개념을 지도하는 것이다. 양쪽에 있는 두 명의 청팀 선수가 그들이 등지고 있는 홍팀 선수들로 연결될 패스에 대해서는 잊어버리고 어떻게 볼을 압박할 수 있는지에 대해 알려줘야 한다. 노란색 줄은 무시해도 되는 패스 경로와 공간을 나타낸다. 전체적인 개념은 조직화된 방법으로 볼을 압박함으로써 다른 선수들에게 연결될 패스 경로를 차단하는 것이다(그림 6-1). 이것은 3~5명의 선수들이 볼 압박을 효과적으로 할 수 있게 만든다.

2) 커버(cover)와 볼 압박의 기본 개념

두 명의 선수는 효과적인 압박을 위한 전열을 갖추고 밸런스를 더하기 위해 초기의 볼 몰기 포지션 바깥쪽에 위치한다.

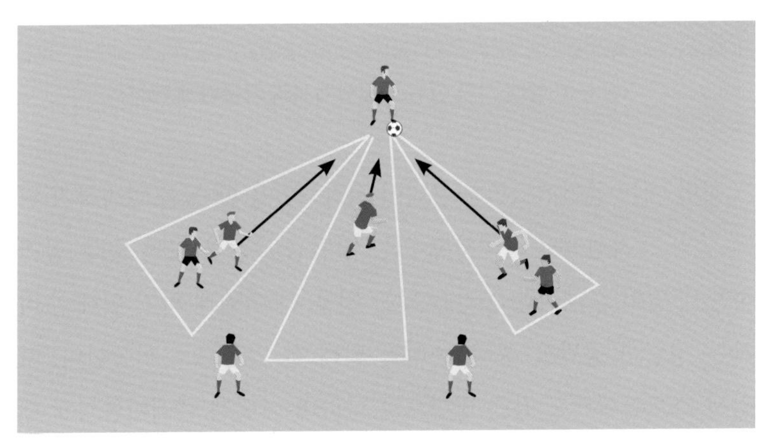

그림 6-2 커버와 볼 압박의 기본 개념

앞의 예시는 세 명의 청팀 선수들이 볼을 가진 홍팀 선수를 어떻게 압박하는지를 보여 주는데, 이때 두 명의 추가 청팀 선수들은 홍팀 선수들이 압박을 뚫을 수 있을 만한 패스 경로를 막아서면서 압박이 가해지는 공간 밖에 위치한다(그림 6-2).

3) 상대 지역 상위 포지션에서의 카운터 프레싱(3-5-2 vs 4-2-3-1)

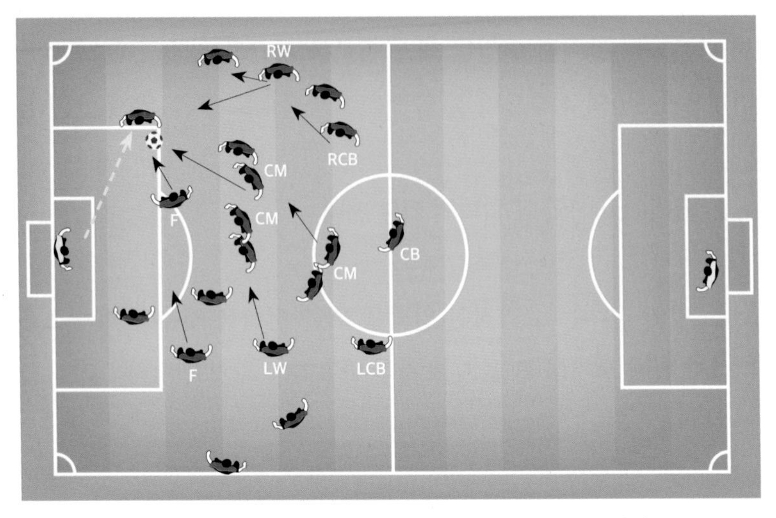

그림 6-3 상대 지역 상위 포지션에서의 카운터 프레싱

이번 예는 골키퍼로부터 공격이 시작되었을 때 볼을 압박하기 위해 상위 포지션에서 준비하고 있는 청팀 선수들을 보여 준다. 공격하는 홍팀이 플레이할 공간을 찾는 것을 더 어렵게 하기 위해 수비하는 청팀은 공간을 좁히고, 이를 위해 한 방향으로 이동한다. 따라서 스트라이커도 같은 방향으로 향하며 어떻게 플레이할지에 대해서 알아야 한다. 볼과 함께 플레이가 시작되면 청팀 선수들은 몇몇이 협동하여 볼을 압박할 것이다. 하지만 청팀의 중앙 수비수와 왼쪽 윙백은 긴 패스의 결과 단번에 상위 포지션으로 볼이 넘어오는 것을 막기 위해 청팀 진영 깊은 곳에 자리 잡고 있어야 한다(그림 6-3). 압박에 직접 관여하지 않은 스트라이커는 두 명의 홍팀

중앙 수비수 사이의 상위 포지션에 자리 잡는다. 해당 위치는 역습할 때 상대 팀에게 매우 위협적인 자리이다.

4) 상위 포지션에서의 카운터 프레싱

볼 주위 세 명의 선수가 볼을 압박하여 둘러싸인 선수들을 꼼짝 못하게 하고, 한 명의 스트라이커는 상위에 위치한다.

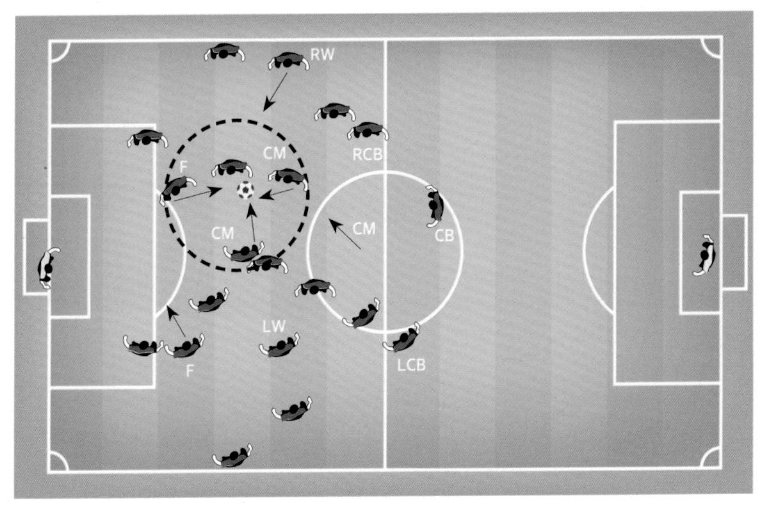

그림 6-4 상위 포지션에서의 카운터 프레싱

이번 예에서 우리는 3~4명의 선수들이 다양한 각도에서 볼을 압박하는 전체적인 동작을 살펴볼 것이다. 이때 지원하는 선수들은 팀의 전열이 무너지지 않고 균형을 잡을 수 있게 유지해 준다. 반대편의 스트라이커는 역습을 위해 상위 포지션에 자리 잡는다(그림 6-4).

5) 두 명의 스트라이커를 활용한 압박 1

두 명의 스트라이커는 압박 상황을 만들기 위해 홈팀의 플레이가 한 방향으로 이루어지게끔 같이 움직인다.

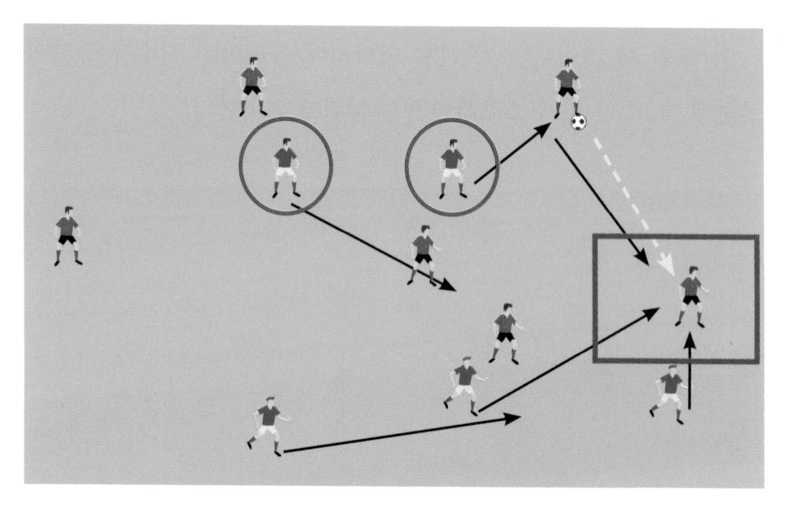

그림 6-5 두 명의 스트라이커를 활용한 압박

이번 예에서는 홈팀 중앙 미드필더 두 명과 수비수 네 명을 보여준다. 청팀에는 붉은색 원으로 표시된 두 명의 스트라이커와 두 명의 중앙 미드필더, 그리고 한 명의 우측 윙어가 있다. 사각형은 상대팀을 몰아붙이고 압박하기 쉬운 영역을 나타낸다. 이 예시에서 가장 깊숙한 곳에 있는 스트라이커 위치를 내려놓아 역습에서는 약간 멀어지지만, 다른 선수들이 압박을 하고 있기 때문에 상위 포지션에 머물기보다는 미드필드 쪽으로 처져서 위치한다. 이것은 상위에 있는 스트라이커를 떨어뜨려 놓는 것이지만 더 많은 선수들로 하여금 압박이 가능하도록 해준다(그림 6-5). 반대편의 윙어는 항상 상위 포지션에 위치할 수 있는데, 이것은 또 하나의 역습 옵션이 될 수 있다. 레알 마드리드는 호나우두를 역습에 활용하기 위해 항상 상위에 머무는 윙어로 활용하곤 했다.

6) 두 명의 스트라이커를 활용한 압박 2

두 명의 스트라이커는 압박 상황을 만들기 위해 홈팀의 플레이가 한 방향으로 이루어지게끔 같이 움직인다. 그러나 이번 예에서는 한 명의 스트라이커가 역습 옵션을 위해 상위에 머문다.

이번 예는 앞서 살펴본 예시에서 출발한 것이지만 역습을 위해 압박에 참여하지 않는 스트라이커가 상위에 머무는 것이다(그림 6-6).

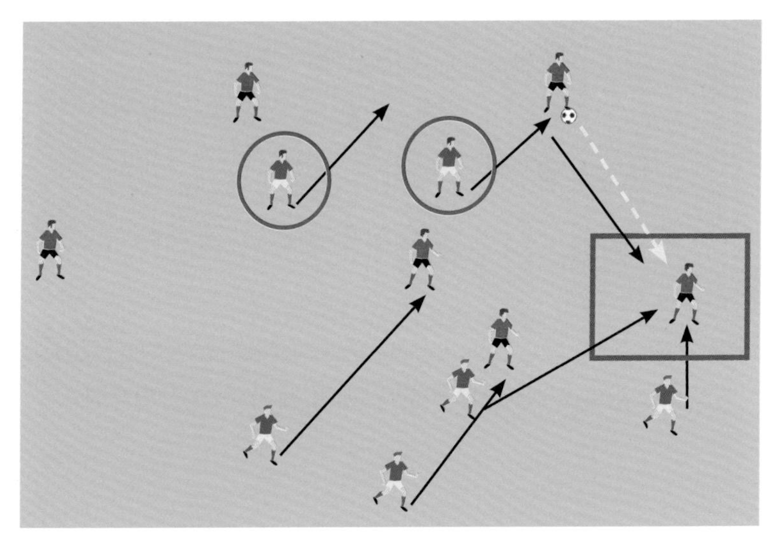

그림 6-6 두 명의 스트라이커를 활용한 압박

7) 상위 포지션에서의 카운터 프레싱, 세 가지 가능한 압박 영역

이번에는 압박하기 좋은 위치의 기본적인 영역들에 대해 소개한다. 축구는 시시각각 변하는 다이내믹한 경기이므로 카운터 프레싱은 경기장 안의 모든 영역에서 행해져야 한다. 그러나 공격을 다시 시작하는 것과 같은 특정 상황에서는 특정 영역을 향해 사전에 계획되고 조직화된 압박 전술을 훈련하는 것이 실제 경기에서 도움이 된다. 〈그림 6-7〉은 상위 포지션에서 카운터 프레싱이 가능한 세 가지 영역을 나타낸다.

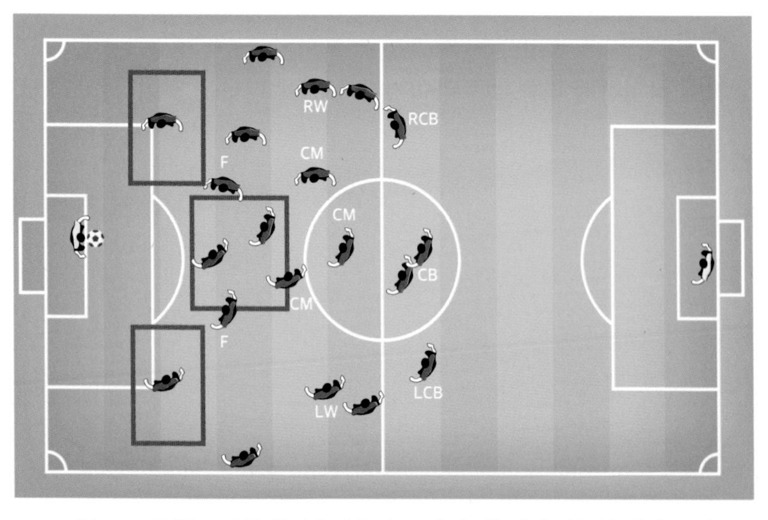

그림 6-7 상위 포지션에서의 카운터 프레싱, 세 가지 가능한 압박 영역

8) 내려서 깊게 위치하기, 압박의 실패 혹은 체력 비축

카운터 프레싱을 할 때, 만약 상대 팀이 압박을 뚫었다면 팀은 볼 뒤쪽으로 하나의 단일체 형태로 처지거나 후퇴하거나 복귀해야 한다. 새로운 전열은 종종 다음 〈그림 6-8〉과 같이 보일 것이다. 내려서 깊게 위치하는 또 다른 이유는 전반 또는 후반의 마지막 10~15분을 위해서 에너지를 비축하기 위한 것이다. 매 경기 90분간 카운터 프레싱을 높게 유지한다는 것은 매우 힘든 일이다.

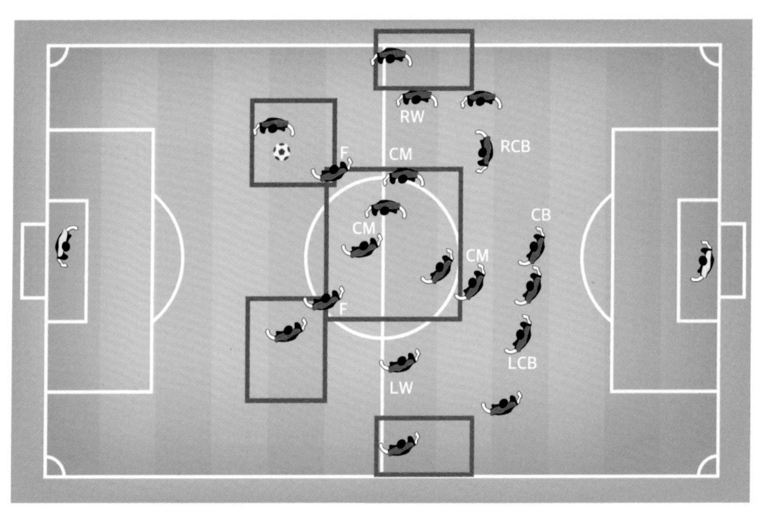

그림 6-8 내려서 깊게 위치하기, 압박 실패 혹은 체력 비축

4. 12가지 카운터 프레싱 트레이닝 방법

12가지 카운터 프레싱 트레이닝 방법에 대해 살펴보기 전에 카운터 프레싱 훈련을 할 때 최대 스피드로 왜 트레이닝을 해야 하는가를 먼저 강조하고자 한다.

카운터 프레싱에 필요한 고강도 훈련을 하기 위해서 코치는 적절한 훈련과 휴식의 비율을 정해야 한다. 또한 경기 전에 며칠간의 휴식을 가질지에 대해서도 고려해야 한다. 운동장의 크기나 선수들의 수와 같은 요인들도 훈련량과 훈련 강도에 영향을 미친다. 훈련 과정의 운동을 경쟁적인 상황으로 만드는 것 또한 선수들로 하여금 카운터 프레싱 훈련의 강도를 실제 경기 때와 동일하게 가져갈 수 있도록 동기를 유발할 수 있는 요인이다.

1) 훈련 1 : 8 vs 3 론도

- **훈련장** : 15 × 20 m
- **지도사항** : 홍팀은 사각형 라인 밖으로 여섯 명을 위치시키고, 이들은 투 터치만 허용되고 안쪽에 있는 두 명의 선수는 한 번의 터치만 가능하도록 한다. 이 훈련의 목적은 조직화된 세 명의 청팀 선수들이 압박 훈련을 하는 것이다. 수비하는 청팀 선수들은 재치 있는 포지셔닝을 통해 패스 각도를 줄여 나가야 한다. 만약 청팀이 볼을 빼앗으면 홍팀이 새로운 볼로 플레이를 시작하거나 청팀이 사각형 내에서 볼 터치 가능 횟수를 한 번이나 두 번으로 제한한 채 홍팀 선수 두 명을 대상으로 볼을 계속해서 소유하는 연습을 진행한다. 론도 훈련은 적은 수의 선수를 활용해서 압박 훈련을 할 수 있는 매우 뛰어난 방법이다.

그림 6-9 훈련 1 : 8 vs 3 론도

2) 훈련 2 : 9 vs 4 론도

- **훈련장** : 20×25m
- **지도사항** : 이 훈련은 앞선 훈련 1의 연장선에 있다. 홍팀은 사각형 바깥쪽에 두 번의 터치가 가능한 선수 여섯 명이 위치하고 세 명의 추가 선수는 사각형 안쪽에 위치하는데, 이들은 한 번의 볼 터치만 할 수 있게 한다. 이 훈련의 목적은 사각형 안쪽에 있는 네 명의 청팀 선수들이 4인1조가 되는 압박 전술을 익히는 것이다. 앞서의 1번 훈련과 마찬가지로 영리한 위치 선정을 통해 패스의 각도를 줄이는 것이 중요하다. 청팀이 볼을 빼앗는다면 지도자는 청팀 선수들에게 볼 터치 횟수에 제한을 두지 않고 사각형 내의 홍팀 선수 세 명과 경쟁적으로 볼을 빼앗도록 지도한다.

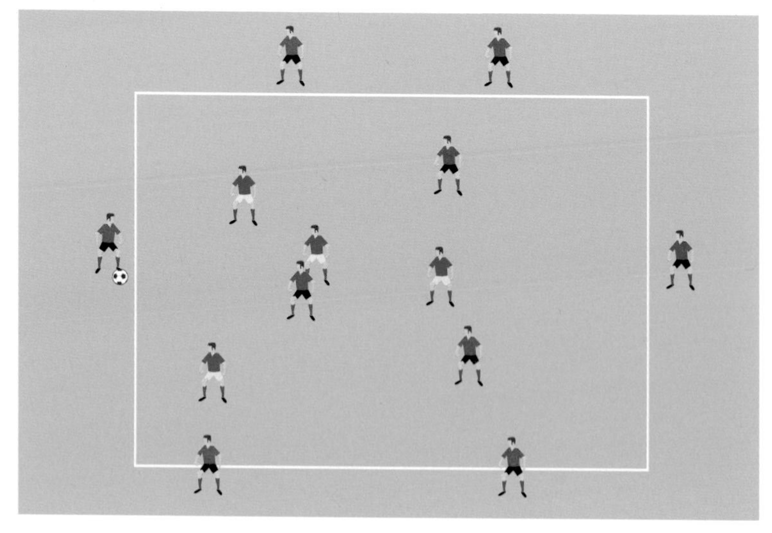

그림 6-10 훈련 2 : 9 vs 4 론도

3) 훈련 3 : 5+1 vs 3 론도

- **훈련장** : 15 × 30 m (15 × 15 m + 15 × 15 m)
- **지도사항** : 이번 론도 프로토콜은 5 vs 3을 기본으로 반대편 끝쪽 라인 바깥에 추가로 홍팀 선수 한 명을 배치한다. 홍팀의 목적은 왼쪽 사각형에서 받은 볼을 반대편 오른쪽 끝에 있는 선수에게 패스하는 것이다. 이때 홍팀의 모든 선수는 반대편 끝에 있는 선수에게 볼을 패스할 수 있다. 반대편 끝의 선수에게 볼이 전달될 때, 사이드라인에 서 있는 홍팀 선수들은 사이드스텝으로 반대편 사각형으로 이동하고, 중앙 라인에 위치한 홍팀 선수는 그대로 중앙 라인에 머문다.

그림 6-11 훈련 3 : 5+1 vs 3 론도

반면 세 명의 청팀 선수들은 반대편 사각형에 있는 홍팀 선수들에게 전달되는 패스를 차단하기 위해 다음 사각형 쪽으로 전력질주할 수 있도록 한다. 압박을 가하는 세 명의 청팀 선수들은 반드시 끈질기게 중앙 라인에서 볼을 압박해야만 하고 앞쪽으로 패스되는 각도를 잘라야만 한다. 청팀 선수들은 2분마다 교체하며 훈련한다.

4) 훈련 4 : 팀 압박

- **훈련장** : 40 × 40m
- **지도사항** : 볼을 소유한 팀은 어느 한쪽 게이트로부터 대각선 방향에 위치한 다른 쪽 게이트로 볼을 전달해야만 한다. 각 팀은 각자의 게이트 간에 이동한다. 각 게이트 내에는 선수가 한 명 위치한다. 게이트에 위치한 선수는 2분마다 교체하거나 게이트에 있는 선수에게 패스하는 선수와 위치를 바꿀 수 있다. 각 팀의 선수들끼리만 위치 변경이 가능하다. 수비하는 팀의 목적은 볼을 소유하고 있는 팀이 실책을 범하거나 코너에 몰리도록 몰아붙이는 것이다. 수비팀은 압박을 할 때 반드시 전열이 흩어져서는 안 되고 균형이 잘 잡혀 있어야 한다. 또한 패스되는 경로를 줄여 나가야만 하고, 규정에 맞는 범위에서 1대1 수비를 해야 한다. 이 훈련은 매우 강도 높고 힘든 압박 훈련이다(그림 6-12 참조).

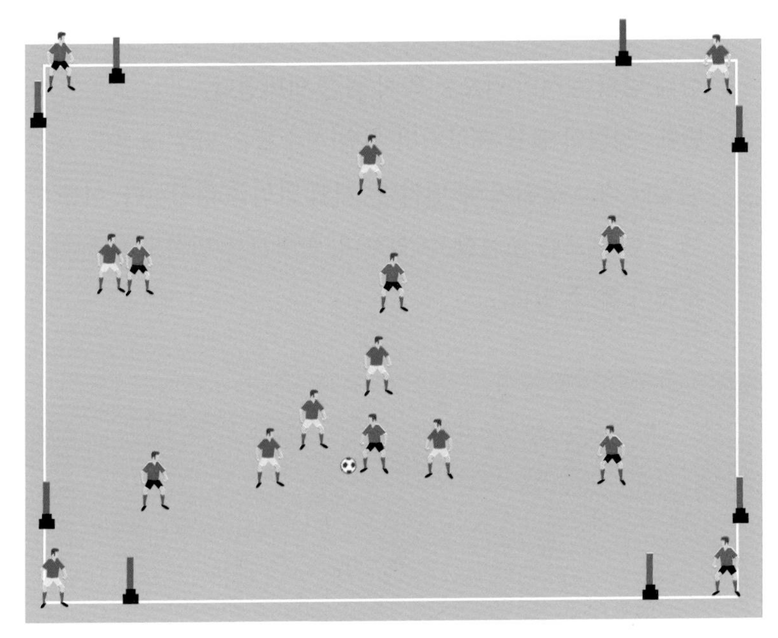

그림 6-12 훈련 4 : 팀 압박

5) 훈련 5 : 스몰 사이드 게임 압박

- **훈련장** : 65 × 40m
- **지도사항** : 이번 스몰 사이드 게임에서 청팀은 오른쪽에 위치한 네 개의 골대에 볼을 넣어 득점해야 한다. 반면 홍팀은 키퍼가 있는 왼쪽의 커다란 골대에 볼을 넣어 득점해야 한다. 각 팀은 상대 팀의 실책이 나오는 즉시 볼을 압박한다.
- **변화** : 청팀이 볼을 빼앗기면 청팀 선수들은 뒤로 빠진다. 또한 패널티 박스 상위에 네 명씩 두 개의 라인을 형성한다. 이를 통해 훈련 템포를 조절할 수 있으며, 압박하는 팀의 속도 변화를 뚜렷이 볼 수 있다.

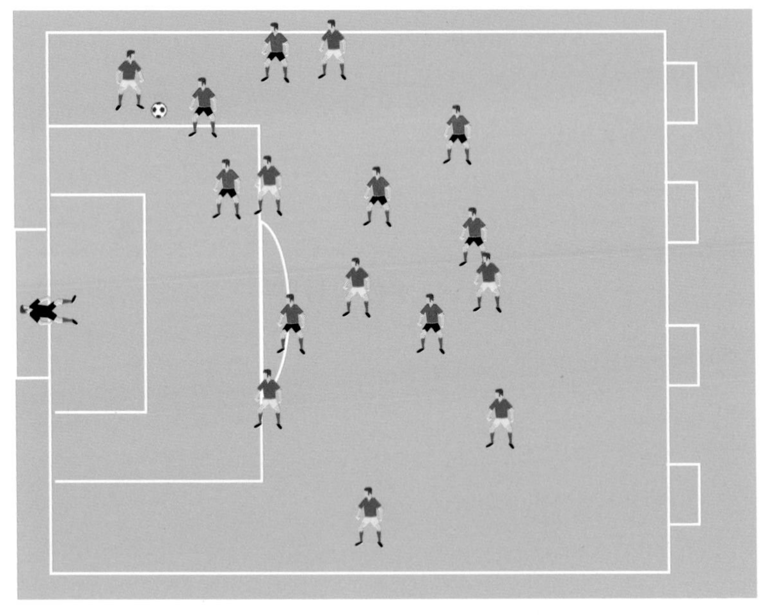

그림 6-13 훈련 5 : 스몰 사이드 게임 압박

6) 훈련 6 : 게이트와 골 압박

- 훈련장 : 65 × 40m
- 지도사항 : 홍팀은 골키퍼가 있는 큰 골대에 볼을 넣어 득점해야 한다. 반면 청팀은 노란색 게이트 건너편에 있는 같은 팀 선수에게 패스를 성공시킴으로써 득점을 해야 한다. 홍팀은 반드시 볼을 압박해야 하며, 청팀이 노란 게이트를 통해 득점을 올릴 수 있을 만한 시간과 공간을 허용해서는 안 된다. 청팀은 볼을 빼앗겼을 때, 홍팀을 압박하거나 뒤로 빠질 수 있다.

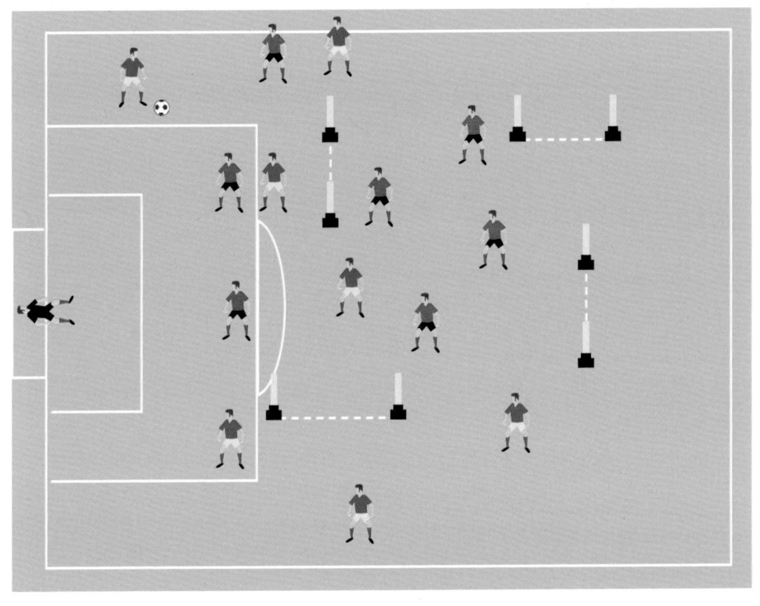

그림 6-14 훈련 6 : 게이트와 골 압박

7) 훈련 7 : 게이트 소유 압박(Gate possession pressing)

- **훈련장** : 65 × 40m
- **지도사항** : 이번 9vs9 압박 게임은 매우 높은 수준의 운동량을 필요로 하는데, 볼을 소유했을 때와 소유하지 않은 상황에서도 잘 갖추어진 형태를 유지해야 한다. 볼을 소유한 팀은 훈련장 내에 있는 모든 노란색 게이트 중 어떠한 게이트에 상관없이 게이트 건너편에 있는 같은 팀 선수에게 패스를 시도한다. 수비하는 팀은 다시 볼을 빼앗기 위해 즉각 압박을 해야 한다. 이 훈련은 엄청난 체력과 상호간의 소통, 조직력이 필요하다.

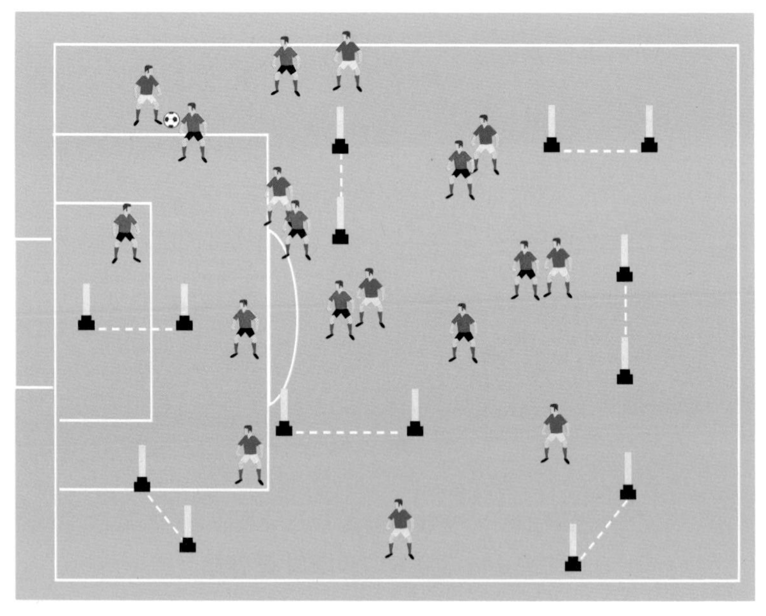

그림 6-15 훈련 7 : 게이트 소유 압박

8) 훈련 8 : 공격 1/3 지역에서의 카운터 프레싱

- **훈련장** : 65 × 40m
- **지도사항** : 이번 7 vs 7 + 골키퍼 게임에서는 공격 진영에 카운터 프레싱을 하는 홍팀이 있다. 홍팀은 볼을 소유하면 골키퍼가 있는 큰 골대를 향해 마무리를 해야 한다. 청팀은 노란색 게이트 내에 위치한 흰색 유니폼 선수들에게 볼을 전달함으로써 득점을 한다. 훈련을 진행하면서 청팀 선수들끼리 일곱 번 패스가 연결되면 득점을 하는 것으로 인정하거나 압박 없이 3초간 볼 위에 앉을 수 있도록 허용한다. 이러한 변화는 카운터 프레싱을 하는 팀이 볼에 압박을 지속적으로 가하기 위해 아주 열심히 하게 만든다.

그림 6-16 훈련 8 : 공격 1/3 지역에서의 카운터 프레싱

9) 훈련 9 : 1+1+2 카운터 프레싱

- **훈련장** : 45 × 60m
- **지도사항** : 8 vs 8 + 골키퍼 훈련은 양팀에 대해 압박 지역을 따라 규제 라인이 표시되어 있다는 특징이 있다. 다음 〈그림 6-17〉에서 볼 수 있듯이, 홍팀은 하얀 점선으로 표시된 네 개의 압박 지역 중에서 공격 지역에 있는 두 개의 압박 지역 중 한 곳에서 청팀을 압박한다. 붉은 점선은 홍팀 통제 라인이고, 푸른 점선은 청팀 통제 라인(최후방 수비 라인 또는 오프사이드 라인)이다. 언제든지 볼이 압박 지역 내로 투입되어 플레이될 수 있다. 두 명의 수비수는 압박을 위해 박스 안으로 들어가고, 한 명 이상의 선수들이 패스 경로를 차단하기 위해 박스 바로 바깥쪽에 위치한다. 이 훈련의 개념은 1+1+2 압박을 가하는 것이다. 이 훈련은 카운터 프레싱 움직임을 조직화하는 데 필요한 선수들의 책임감과 집중력을 높이기 위한 것이다(그림 6-17 참조).

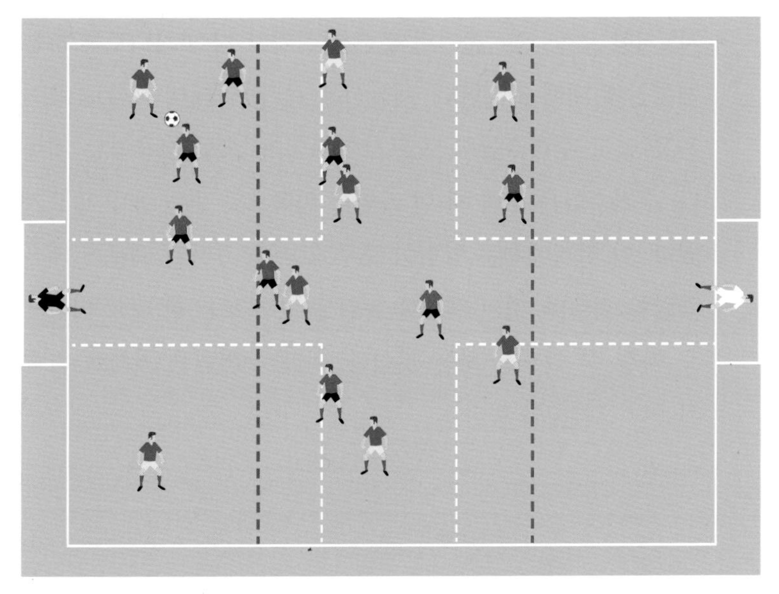

그림 6-17 훈련 9 : 1+1+2 카운터 프레싱

10) 훈련 10 : 8 vs 8 + 골키퍼

- **훈련장** : 65 × 40m
- **지도사항** : 8 vs 8 + 골키퍼 훈련은 경기가 더 밀집되도록 하는 제한선에 대해 소개한다. 제한선은 각 팀에 대해 색깔로 표시하고 있고 수비수들이 '오프사이드 라인'으로 사용하는 것이다. 수비수들은 수비 시 이 라인을 위쪽으로 밀어 올릴 필요가 있다. 이 경기에서는 양팀이 모두 압박을 가하기 때문에 매우 격렬할 것이다. 경기 템포를 늦춰 줄 변수로는 한 팀이 뒤쪽으로 빠질 수 있도록 하는 것이다. 이때 수비팀은 최선을 다해 카운터 프레싱을 한다.

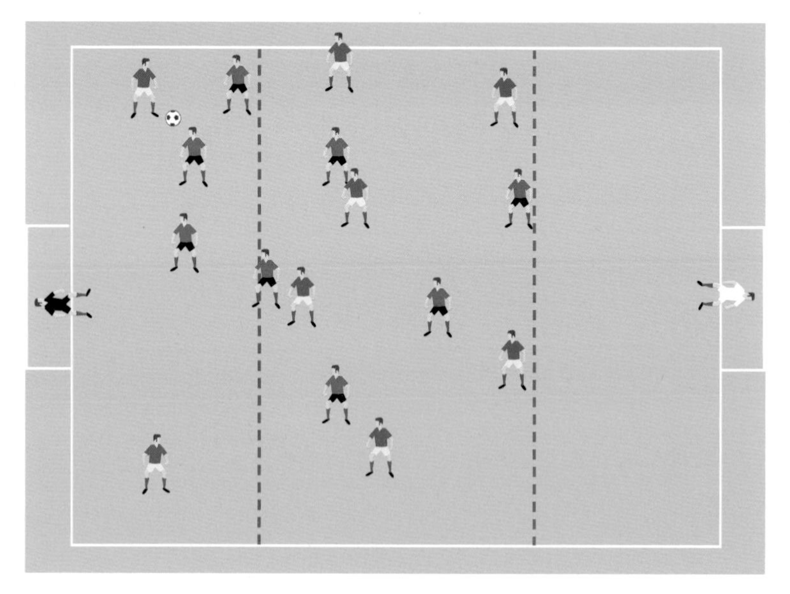

그림 6-18 훈련 10 : 8 VS 8 +키퍼

11) 훈련 11 : 수평적 경기장 구획화를 통한 수비팀의 형태

- **훈련장** : 65 × 45 m
- **지도사항** : 이번에 소개하는 8 vs 8 경기는 경기장을 수평면에 따라 약 60 × 15 m 넓이로 총 세 개의 구역으로 나눈 경기장에서 이루어진다. 유일한 규칙은 수비팀이 반드시 볼이 있는 구역과 인접해 있는 구역인 오직 두 개의 구역만 사용해야 한다는 것이다. 오직 두 영역만 사용함으로써 수비팀의 수평 밀집도를 높이는 것이다. 카운터 프레싱이 성공한다면 팀의 형태는 지나치게 벌어지거나 분리되지 않아야 한다. 이 훈련은 팀의 수비 형태를 향상시키는 데 특화되어 있으며, 이는 궁극적으로 카운터 프레싱 능력을 향상시키게 된다.

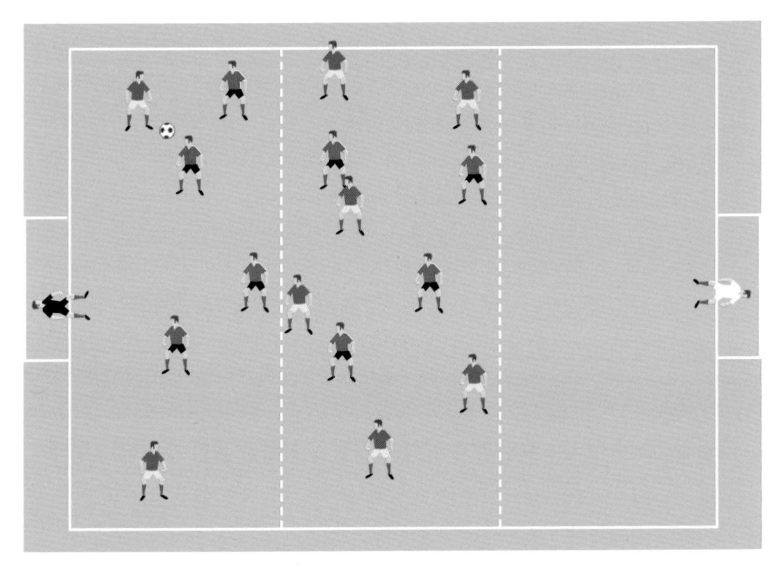

그림 6-19 훈련 11 : 수평적 경기장 구획화를 통한 수비팀의 형태

12) 훈련 12 : 수평과 수직적 경기장 구획화를 통한 수비팀의 형태

- **훈련장** : 65 × 45m
- **지도사항** : 이번 8 vs 8 경기에서는 수평 및 수직으로 나누어진 여섯 개의 영역이 있다. 이때 중앙 영역이 가장 크게 디자인되어 있다. 유일한 규칙은 수비팀이 반드시 네 개의 영역만 사용한다는 것이다. 즉, 볼이 있는 구역과 인접한 세 개의 구역을 사용한다. 그러나 볼이 중앙 영역에 있다면 수비팀은 수직면 3면과 수평면 2면을 모두 사용할 수 있다.

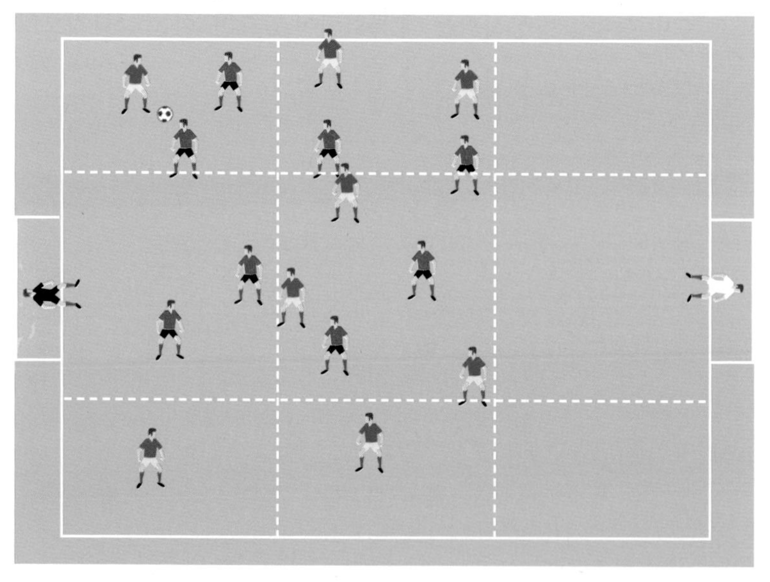

그림 6-20 훈련 12 : 수평과 수직적 경기장 구획화를 통한 수비팀의 형태

참고문헌

김의수·옥정석·허정무·조영증·오규상·김용진·조규권·이강석·조순묵·이성철·김종환·이용수 (2000). 『축구-기본 기술 및 전술 트레이닝』, 두남출판사.

KFA 기술교육실 (2015). 「이탈리아 지도자 초청 수비 특화 훈련 보고서」.

KFA 기술교육실 (2012). 「벨기에 지도자 초청 지도자 강의 자료 보고서」, Van Der Haegen, K., *The Belgian Way: Team Tactics.*

Bangsbo, J. & Peitersen, B. (2002). *Defensive soccer tactics,* Champaign, IL: Human Kinetics.

Bordonau, D. & Villanueva, M. (2018). *Tactical Periodization – a proven successful training model*, London: SoccerTutor.com.

DiBernardo, M. (2014). *The Science of Soccer Team Defending – defending principles & strategies, pressing, zonal defending & zonal pressing*, Lexington, KY: USA.

DiBernardo, M. (2018). *Gegenpressing Counter Pressing – made simple tactics and training exercises*, Middletown, DE: USA.

Di Salvo, V. Baron, R. Tschan, H. Calderon Montero, F. Bachl, N. & Pigozzi, F. (2007). "Performance characteristics according to playing position in elite soccer," *International Journal of Sports Medicine*, 28: 222-227.

Ganzberg, V. (2018). "5 Faves: Role-Related Defending Activities," *Soccer Journal*, 63(3): 54-55.

Harrison, W. (2002). *The art of defending part 1 – 1 vs 1 through 8 vs 8,"* Auburn, Michigan: Reedswain.

Hull, N. (2019). “Training Session: Attacking Principles From the Defending Half”, *Soccer Journal*, 64(2): 64-65.

Jones, R. & Tranter, T. (1999). *Soccer Strategies: defensive and attacking tactics*, Spring City: Reedswain Publishing.

Norton, D. (2017). “Defending while your team has the ball,” *Soccer Journal*, 62(2): 50-55.

Pacini, G. (2017). “Training Session: Tactical Defensive Principles,” *Soccer Journal*, 62(2): 24-25.

Santin, L., (2019). “Summary of Tactical Systems and Implications in the Game,” *Soccer Journal*, 64(1): 54-60.

Strudwick, T. & Reilly, T. (2001). “Work-rate profiles of elite premier league football players”, *Insight: the F.A. Coaches Association Journal*, 4(2): 28-29.

Williams, A., Williams, M. & Horn, R. (2003). “Physical and technical demands of different playing positions,” *Insight: the F.A. Coaches Association Journall*, 6(2): 24-28.